幸福心理學

邰啟揚 ◎編著　心理學家談自我減壓

教你徹底放鬆、幸福升級的日常高效法

序

幸福，人類永恆的追求，眾生理想的彼岸。

幸福是什麼？幸福由幸福感來標示，它是人們對生活充滿樂趣並感到滿足，進而生成持續久遠的愉快心情。可見，幸福指數是由心理因素決定的，與你的社會地位、財富多寡並無關聯。

天底下沒有免費的午餐，我們要為自己得到的那一切買單──付出心理上的代價！在經濟高速發展、社會劇烈變遷的現代社會中，壓力重重、心態失衡導致各種心理問題與心理疾病的出現！

於是，調整心態、緩解壓力，應對林林總總的心理問題是現代人無法迴避的課題，也是我們邁向幸福之路時必須掃除的障礙。

本書以調適心理壓力為話題，以提升幸福指數為目的。第一部分「非知不可的事」，帶你把心理壓力看個明明白白、真真切切；第二部分「魔鬼藏在心裡」，列舉種種壓力表現，深入分析，提出對策，讓你確定自己的壓力類型；第三部分「改寫人生劇本」則是精選減壓技術，讓你可以「擇其善者而從之」。

透過對自己的認識，調動自己的力量，是解決自身壓力問題、心理問題的最佳選擇。因為，這個世界從來就沒有什麼救世主！我們，也只能為你提供一些技術性的諮詢。

是為序。

邰啟揚

目次

非知不可的事

流行語：鴨梨山大！

「鴨梨山大！」漢語中又增添了一個新詞、一個流行詞。它成為許多人的口頭禪，在職場人士中廣為流傳。

嗚呼！你是金領，你是白領，你衣著光鮮，工作體面，收入不菲，出有車、食有魚，令人尊重、為人美慕。你兢兢業業，業績卓越，看起來前程無限光明。

然而，你卻對《紅樓夢》中王熙鳳的一句話心有戚戚焉：「大有大的難處。」

工作節奏太快、工作量太重、工時太長、責任太大；沒有時間給朋友打電話、不去參加同學聚會；沒有時間真正地放鬆、與家人一起共享天倫之樂，甚至連性生活都成了一種責任而非享受。

如果渡假時間超過兩天，你就覺得心煩意亂。購物時只是匆匆遊走於超市的各個貨架，完全按照事先列好的清單購物，很少考慮別的東西，甚至想不起來上次沒吃早餐是在什麼時候……。

儘管生活節奏如此飛速，你依然充滿擔心──不斷充電而擔心落伍；企盼晉升又擔心失業；渴望變化也擔心變化；嚮往未來的同時感到憂心忡忡。你信奉年輕時用健康和時間換錢、年老時用錢換健康和時間的生活理念，到頭來卻發現錢並沒有賺夠，但健康的體格卻與你漸行漸遠。

於是，你使用頻率最高的詞之一就是「忙」，而且越發忙得厲害。於是你最常持有的心理感受就是「累」，一種說不出滋味的累，那是「心累」。

你開始失眠、記憶力衰退、焦躁、憂慮、心悸、易怒、多疑、憂鬱。甚至開始對工作產生厭倦的情緒，特別懷念童年、少年、青年時代那種物質生活並不豐富，但輕鬆悠閒的快樂時光。

你可能想逃，自我安慰說：「算了，別去想那些破玩意兒了。」可是，那些思緒卻剪不斷、理還亂；才下眉頭，又上心頭。就像美國電影《無處藏身》，劇情正是當代上班族血淋淋的生活寫照。

很快地，一系列名為「枯竭」的症狀在你身上表現出來了。在

王奉德所著的《緩解生活壓力》一書中的敘述非常貼切：

　　1.幽默感減少：工作時沒有辦法開懷地笑，精神老是緊繃著。

　　2.忽略休息和飲食時間：一直沒時間喝杯水或用餐，以恢復精力。

　　3.加班且沒有假期：在休息的日子也不拒絕工作。

　　4.身體亮紅燈：疲勞、易怒、胃不舒服，肌肉緊張且容易生病。

　　5 社交慾望退縮：遠離同事、同伴和家人。

　　6.工作績效降低：缺勤增加、拖延工作、請病假、效率降低。

　　7.自行服藥：增加使用酒精、鎮靜劑和其他可以改變心情的藥物。

　　8.內在的變化：情緒耗盡、喪失自尊、沮喪、挫折和絕望的感覺。

　　此外，枯竭的現象也可能具有消極、妄想、嚴厲、冷漠、寂寞與罪惡感及難以作出決定等特徵。

　　關於職場壓力這一社會現象的後果，相關組織與有識之士已經提出警告，世界衛生組織也認同工作壓力是「世界範圍的流行病」。聯合國國際勞工組織發表的一份調查報告認為：「心理壓抑將成為 21 世紀最嚴重的健康問題之一。」企業管理者日益關注工作中的員工壓力及其管理問題。因為工作中過度的壓力會使員工個人和企業都蒙受巨大的損失。

　　英國著名心理學家貝佛利曾說過：「過度疲勞的人是在追求死亡。」科技進步所形成的資訊飽和、全球化的加速、機能失調的辦公室政治、工作過量等都是導致憂鬱的主要因素。

　　目前，憂鬱症已成為繼心臟病之後，第二種最能使員工失去工作能力的疾病。如果不採取行動，精神和行為失調的快速增加足以使其在 2020 年之前超越車禍、愛滋病和暴力，成為早夭和失去工作能力的主要因素。

　　還有一種疾病被稱之為「現代人心身症」，表現在外的是生理症狀，但致病的根源卻是心理因素。這些生理症狀有高血壓、消化性潰瘍、過敏性大腸炎、支氣管哮喘以及自主神經失調症等。

近年來最受關注的現代人心身症就是「失去感情症」，具體表現有想像力貧乏、精神障礙、心理感受和語言表達被抑制，能清楚地敘述事實關係、卻不能表達感情，也就是和別人溝通有困難。這種疾病的患者，看上去很正常，以為疾病是由生理因素造成的，但服藥、打針或其他治療方法卻難見成效。

美國心理學家協會最近公佈的一項調查結果顯示，65% 左右的美國就業人士內心的消極情緒占上風，症狀較輕者為不滿現狀，深感疲憊；重則會不堪重負，患上嚴重的身心疾病。

在中國，北京易普斯企業諮詢服務中心對中國 1,576 名白領進行的一項關於工作壓力的調查結果顯示：有 45% 的人覺得壓力較大；有 21% 的人覺得壓力很大；有 3% 的人覺得壓力極大，瀕臨崩潰。由中國人力資源開發網發起的「中國員工心理健康」調查結果顯示，有 25.04% 的被調查者存在一定程度的心理健康問題。

資料顯示，中國約有 70% 的白領處於亞健康狀態。北京易普斯企業諮詢服務中心對 IT 行業 2,000 多名員工所做的調查結果表明：有 20% 的企業員工壓力過高；至少有 5% 的員工心理問題較嚴重；有 75% 的員工認為他們需要心理說明。

目前，中國已經成為高自殺率的國家。中國衛生部曾經發表的研究報告指出，中國自殺率大約為十萬分之二十三，遠超過世界平均的十萬分之十三。另外還有調查表明，職業白領的健康指數正在下降。由於企業競爭壓力上升，控制成本和利潤的手段中，人力成本的削減十分常見。同樣的工作量，許多企業用人減少，卻要求更高的產能。

所以，這勢必造成很多職業白領每天工作都幾乎是負荷超載的，他們的身體健康問題逐漸浮出水面。健康指數調查結果令人擔憂：45.79% 的受訪者明確表示對自己的身體健康狀況十分擔憂；有 64.03% 的受訪者表示不能經常參加體能訓練和健身運動。而這些受訪者大多都處於青壯年期。

北京零點市場調查公司的一項調查結果顯示，41.1% 的白領們

正面臨著較大的工作壓力，61.4% 的白領正經歷著不同程度的心理疲勞。白領們的健康狀況著實令人擔憂。

透過問卷對目前白領的工作壓力進行評估，結果顯示，工作壓力較大的人占調查總人數的 41.1%，是工作壓力較小的白領人數的兩倍。可以看出，中國高速發展的經濟使得目前相當一部分的白領面臨著較大的工作壓力。於是，「如何化解壓力」成為大眾關注的話題。

許多老闆看到員工加班做到疲憊不堪，表面上裝著同情與憐憫，心裡卻在偷笑：「哈哈！我管理有方，讓他們都使出了最大的力氣，錢可沒白花。」殊不知，其實老闆自己也是受害者。

根據美國官方的統計資料，每年因員工心理壓力給美國企業造成的經濟損失高達 3,050 億美元，超過 500 家大公司稅後利潤的 5 倍。歐盟每年也因工作壓力太大，喪失 20% 的勞動力。另外英國所做的工作壓力研究發現，由於工作壓力造成的損失，達到其國民生產總值的 1%；據官方統計預估，壓力導致的疾病每年會使英國損失 8,000 萬個工作日，代價高達 70 億英鎊。

而其他西歐國家的缺勤問題甚至更嚴重。一項研究結果顯示：葡萄牙、義大利和比利時的短期缺勤率最高，荷蘭、瑞典、葡萄牙和法國的長期缺勤現象最嚴重，只有奧地利和愛爾蘭缺勤率低於英國。

就具體企業而言，員工壓力大、身心累給組織造成的損害有：

1. 員工的工作喪失主動性與創造性，企業也喪失了活力。

2. 工作中的事故與差錯增多，給企業造成直接經濟損失。

3. 與客戶交往時，身心疲憊的人不會給對方留下良好的印象，也不會對客戶表現出足夠的熱情。這會對公司業務構成損害。

4. 員工的病、事假增多，離職率會提高。資深人員的減少，對企業的負面影響顯而易見。

5. 企業的凝聚力會下降。

「再也不能這樣活，再也不能這樣過！」由此可見，做出積極的

改變，巧妙應對過於沉重的壓力，從根本上改變身心疲憊的狀態，是職場人士刻不容緩的課題！

現代人壓力真大

其實，哪個年代的人都有壓力。宋人尤袤《全唐詩話》記載：白居易十六歲時從江南到長安，帶了詩文謁見當時的大名士顧況。顧況看到白居易的名字，和他開玩笑說：「長安米貴，居大不易。」後來人們引用此典來比喻居住在大城市，生活不容易維持。

為什麼現今的中國人感到壓力特別大？從宏觀角度看的因素有：

(1) 現代化的代價

三十年來中國經濟發展突飛猛進，物質生活水準大幅提高為世人所矚目，可以說現代世界經濟史最大的經濟奇蹟就在中國。

三十年前，任何一個中國人做夢也不會想到，中國會在三十年後成為世界第二大經濟體；自己在有生之年會擁有一輛私家汽車，會擁有一、兩套屬於自己的公寓或房子。而這些，現在都已成為了現實。只是，當我們享受擁有這一切的喜悅之情時，可否想到，得到這一切是要付出很大的代價！

筆者從事心理學工作多年，有一回，朋友介紹一個人給我認識，說她有憂鬱症，想請我給她做心理諮詢。對方是一位非常漂亮的女人，年紀約三十歲左右。經過二十分鐘的交談，我得知了她的身份——二奶。

她向我傾訴埋藏已久的鬱悶與煩惱，說那個男人逢年過節從不在她那兒過；就算在她身邊，一接到老婆的電話拔腿就跑。另外，當她與男人的朋友們聚會時，感覺別人看她的眼光中總帶著鄙視，這些委屈她都默默獨自吞下了。

聽完後我跟她說，她沒有心理疾病，只是為所得到的這一切付

出必要的代價而已。

這麼說吧，拿我自己跟她相比，她的年齡沒我大，可能文化知識、學歷職位也不比我高，但為什麼開的車比我好？住的房比我大？我整天勞碌奔波，而她的日常中卻是養狗、美容、打麻將。難道她真以為這一切可以平白無故得到嗎？

不！一切都要付出代價，特別是心理上沉重的代價。如果她還想享有目前的生活，那就得認命；如果想擺脫心理上的糾結，很簡單，憑她的年齡與長相，要找一個日夜相伴、名正言順、年齡相當的男人太容易了。可是那個對象不會給她如此高的物質享受，可能還會要求她去工作，工作之餘還要做家事。這些，她能接受嗎？

她頓時無語，說她沒有病，只是面臨一個艱難的抉擇。

也許有人會說，她做的事登不上大雅之堂，所以才付出了代價。不過，做正當的事情同樣要付出代價，在付出與收穫的問題裡沒有正邪之分。

我們舉其他例子來討論，例如姚明。雖然他賺的都是陽光下的錢，甚至連緋聞都沒有過，卻也要為自己的所得付出代價。據說他最喜歡到上海城隍廟吃小籠湯包，這個要求不過分吧，可對他來說卻是個奢求。為什麼呢？

因為姚明在上海幾乎出不了家門。只要他一出門就會有人要合影、要簽名，不要說散步了，就連馬路交通也都堵塞了。姚明無奈地說：「那些歌手、明星還可以變裝呢，但我再怎麼化也很難不被發現。」

是的，世界上沒有一項所得是不需要付出代價的，一句亙古不變的至理名言就是：「天底下沒有免費的午餐」。如果再對這句話做些補充，那就是「**午餐的品質決定著你付款的額度**」。

中國成為世界第二大經濟體，每個人的生活都富裕起來了，過

去我們的肚子裡沒有油水，現在嫌油水太多而整天嚷嚷著要減肥。這時你可曾想過，當你得到這一切的時候，需要付出代價，而且必須是相應的代價。

物質生活的極大豐富是因為經濟的快速成長，經濟快速成長期的生活方式必然是高速度、快節奏；基本法則一定是競爭激烈，進而挫折頻生。於是，我們每個人不得不承受比過去高得多的壓力。沒辦法，甘蔗沒有兩頭甜。

(2) 社會及個人生活不確定性倍增

近代的中國社會，悄然經歷了一場由傳統到現代的華麗轉身。傳統社會最重要的特點之一是「穩定」，一個人從出生到死亡，其生活道路與生活方式幾乎可以預見。而現代社會最重要的特點之一是機會多，可能性多，自然挫折也多。一言以蔽之，生活中的「不確定」大大增加了。

典型的美國精神有這麼兩句話：「每個人都可能成為美國總統，每個人都可能成為百萬富翁；美國為你提供機會，但不保證你成功。」過去中國大學生由國家分配工作，要你做什麼工作就做什麼工作，你可能會感到不自由。現在大學生則多是自主擇業，你想幹嘛就幹嘛，但你可能找不到工作，或者找不到喜歡的工作。

過去同年齡、同類型人們的收入幾乎沒有差別，現在卻是「同學於寒窗之下，幾年後收入有天壤之別」。你可以跳槽，也可能被開除。總之，不確定性的倍增必會導致焦慮狀態的生成，因為焦慮的本質就是對前景不確定性的擔憂。焦慮來了，心理壓力就不可避免了。

(3) 個人慾望的膨脹

改革開放，打開了國門，更打開了我們的眼界。我們看到的更多，想得到的也更多，當我們得到的遠遠沒有我們看到的、想得到的那麼多時，心理就不平衡了。於是，心理壓力不期而至。

(4) 自我關注度的增加

人本主義取向已成為一股世界性的潮流,「以人為本」的理念已深入人心。與此同時,我們對自身的關注度也與日俱增,我們關心自己的身體,也關心自己的心理。

這種關注自然有積極的一面,但關注本身尤其是過度關注也會形成一種新的壓力源。在諮詢實踐中常會發現,有些深感壓力沉重的人在科學測試後發現他們的壓力並不是來自外界環境的變化,很大程度上是來自於過度的自我關注。

三種壓力狀態

提起壓力,人們都認為這是一個負面的心理現象,其實不然。心理學家對壓力的界定為:「任何令個體感到緊張的刺激都可稱之為壓力」。壓力與緊張在心理學中都屬於中性詞,也就是說,它既有消極的一面,也有積極的一面。

壓力可以分為三種狀態:

(1) 過低壓力 (不良狀態)

許多人有一種期待:要是沒有壓力,這世界該有多麼美好!你錯啦!沒有壓力並不是好事,不僅不好,而且是很可怕的事。

不信嗎?舉個例子你就明白了。高血壓好嗎?不好!低血壓好嗎?也不好!要是沒血壓呢?那就玩完了。壓力也是如此,如果你完全沒有壓力,基本就玩完了。世界上只有兩種人沒有壓力,一種是死人,一種是白癡。

毫無壓力肯定是壞事;但壓力過低,一點都不累,也不是好事。

沒有壓力,你會改變自己嗎?你會想要進一步充實自己嗎?你會有奮進的動力嗎?

沒有壓力之時,空虛感、失落感又會襲來,那滋味好受嗎?

沒有壓力，不就從側面說明其實你是個沒價值的人嗎？

古人云：「興一利必有一弊」。我們說：「有一失必有一得」。生活中，尤其是工作上，沒有壓力是不可能的，沒有壓力會使一切變得索然無味。

如果讓你每天做小學一年級的題目，你肯定會做，也肯定能做對，但你會有成就感嗎？會因沒有壓力而感到開心嗎？你一定會感到無聊，有一種不知是被別人還是被自己愚弄的感覺。

(2) 適度壓力（良好狀態）

別把壓力都說成是負面的影響。適度的壓力，其積極作用實在不可低估。適度壓力是指時間不長、刺激不大，尤其是能讓人最終體驗到興奮度提高與成就感增加的那種壓力。

理由一：作為人們面對威脅時產生的一種原始的「戰鬥或逃跑」反應，壓力在開始的時候起著積極作用，可以增加人的活力、提高警覺性，使人的思考和行動變得更加敏捷。作為一種生理和心理過程，壓力可以應付不確定的變化和危險。

理由二：適度的壓力能鍛鍊人、提升其適應能力和創新能力。心理學家是這麼認定人類心理發展的動力的：社會向人們提出的要求所引起的新的需要與其原有心理發展之間的矛盾，是人們心理發展的內因。

這種內部矛盾就是讓我們不斷向前發展的動力。如果沒有來自外界的壓力，人類自身就不能向前發展。從這種意義上講，壓力就是一種積極力量。儘管遭遇壓力，適應能力卻能因此提高。

壓力還可以促使個體向更高的目標前進。這種情形可以在嬰兒期到青春期的發展過程中看到：從學會走路到努力謀生的整個成長都是由某種程度的壓力促成的。因此，在我們的成長過程中，壓力是必不可少的，是生活的一部分，更是適應生活的基本條件。

理由三： 適度的壓力能使人處於受激狀態，神經興奮，讓個人認識到改善自我的機會，以更加努力的姿態、更高的熱情完成工作，如此便有助業績改善。

相反地，若壓力感偏低，可能很難充分調動我們的積極性來主動對待工作以及工作中的機遇和挑戰。

理由四： 適度的壓力有助於人類潛能的開發。世界上的自然資源（如石油、煤炭）總會消耗殆盡，當這些資源耗盡後，人類是否面臨增長的極限？人們為此而憂心忡忡。

不過，這個擔心很快就消除了。因為科學家發現，人類本身蘊藏著巨大的潛能，並且取之不盡，用之不竭。學者們估計，現在人類的潛能利用率最高為百分之五，最低為千分之一，而大多數人只利用了百分之一。

想像一下，如果大多數人的潛能開發了到百分之二，這世界將會是一個什麼樣的格局？何況，即使達到百分之二的開發，還有百分之九十八的潛能沒被利用呢。

開發潛能的方法多種多樣，但前提條件是要有適度的壓力。因為，人類還有另一種本能，那就是惰性。

理由五： 一個令人震驚的研究成果認為，壓力療法是一種新的抗衰老辦法，不僅延長壽命，還能美容。

丹麥奧爾胡斯大學細胞衰老實驗室的萊坦教授在進行一個試驗時發現，讓試管中的皮膚細胞每週 2 次、每次 1 小時暴露在 41 攝氏的空氣裡，結果這些細胞的形態更好，被破壞的蛋白質的數量明顯減少，同時也更不易受紫外線的影響。

雖然 41 度是人體發燒時才能達到的體溫，但在人感到有壓力時，體溫同樣會上升，也能造成相似的美容、抗衰老作用。

英國隆格維提社區的醫療主任摩爾斯・萊茲斯博士指

出，身體衰老多從 35 歲開始，所以 35 歲之後要尋找合適的壓力感來刺激身體進行自我調整。

乍看之下，這話不好理解，也難以接受。其實，我們只要觀察周遭生活就明白了。假設你身邊有兩個人，他倆都在六十歲時退休，但這兩人分別選擇不同的生活方式。一位回家享清福，什麼事都不做，也沒有什麼煩惱；另一位則又找了一份工作。

五年、十年後，哪一位會看上去更年輕、更有活力、身體更健碩、思維更敏捷？不用懷疑，是後者。這就是壓力可以抗衰老、延長壽命、美容養生的生動例證。

(3) 過度壓力（不良狀態）

過度壓力會導致一系列的生理、心理問題。在生理上，壓力會導致免疫系統機能下降，抵抗病毒、細菌的能力降低；心血管系統超負荷，導致高血壓和心臟病；骨骼肌肉長期緊張，造成腰酸背疼；不規律的飲食使得消化系統紊亂，容易腹瀉或便秘。而在心理上，高壓容易使人產生憤怒、焦慮、憂鬱等負面情緒。

北京易普斯企業諮詢服務中心首席顧問張西超博士指出，職場壓力過大，不管是對個人還是對社會，都會造成很大的危害。對於個人來說，壓力過大，會出現血壓增高、腸胃失調、潰瘍、易意外受傷、身體疲勞、心臟疾病、呼吸問題、汗流量增加、皮膚功能失調、頭痛、肌肉緊張等生理變化，而各類癌症、情緒憂鬱、自殺等現象也和壓力有著很大的關係。

北京東明成功人生心理諮詢中心執行主任趙勁認為，壓力對個人工作的負面影響主要表現為：工作效率降低、對工作缺乏興趣、與上下級或同事關係不良、工作失誤增加等。而壓力給個人生活帶來的主要影響表現在兩方面，即生理失調和心理困擾，嚴重者會出現生理疾病和心理障礙，甚至有生命危險。

心理學家杜文東說，高強度工作的人肯定會遭遇危機期和受創

期。危機期很可能會患上比較嚴重的疾病，導致工作間斷性停止、情緒和社會關係受損。

到了受創期，勞動者必須暫時終止工作，嚴重的無法繼續職業生涯，更有甚者會過勞死。這樣的結果於己、於家人、於社會都不利。沒有高品質的社會生活，就不會有高品質的工作成績。

還有學者指出：壓力會引起生理異常，與心臟病高度相關。許多研究發現，從事某些職業的人，如醫生、律師、法官、機械工程師、計程車司機等，特別容易患心臟病。因為承擔威脅大的工作的人通常需要對他人高度負責，勞動強度高，有很強的時間緊迫感。在各種壓力下，常常發生任務衝突。

這些壓力（職業壓力）與心臟病相關。另外，研究人員也發現壓力與癌症有聯繫。儘管很難精確描述壓力對健康的影響，但大量的疾病與壓力有關的事實卻是毫無疑問的。

美國耶魯大學心理學家布魯斯・麥克尤恩列舉了壓力造成的種種後果：損害人體免疫機能，甚至加快癌細胞的轉移；增加病毒感染的可能性；加劇血小板沉積，導致動脈血管硬化；加快血栓形成，導致心肌梗塞；加速 I 型和 II 型糖尿病的發作；引起哮喘病或使其病情惡化。

此外，壓力還可能導致胃腸道潰瘍，引起潰瘍性結腸炎或腸道的其他炎症。持續壓力對大腦也會造成影響，包括損害大腦的海馬迴，進而影響記憶。麥克尤恩說，總的來看，有越來越多的證據表明，壓力會使神經系統受到損害。

壓力的負面作用已經很可怕了，但更為可怕的是許多上班族欠缺對壓力相關知識的了解，有些人實際所承受的壓力強度已經非常大，但他們對自身所受的壓力知之甚少。當開始覺得壓力過大時，壓力長期潛在的影響非常容易導致他們的情緒或精神突然崩潰。

張西超指出：「有些人根本就不清楚自己的身體垮了，生理機能嚴重枯竭，甚至發生煩躁、手抖、睡眠不好、食欲不振等，以上症狀都和壓力有關係。」

綜上所述，過度壓力雖有種種弊端，但人在其一生中，想要完全避開它幾乎是不可能的事。就像自然災害一樣，誰也不希望它出現，但它還是一定要出現。對此，要有心理準備。

再則，心理學認為，一個成熟的人一定是一個經歷豐富的人，人們在描述一個成功人士時常用一個詞「飽經風霜」，什麼是「飽經風霜」？那就是吃過很多苦頭，經歷過多種艱辛，承受過重壓。

所有的人都不期待自己承受過重的壓力，但一生當中完全沒有這種經歷多少也有點缺憾。

真壓力與偽壓力

幾乎所有人都認為壓力都是來自外部世界，都是客觀存在的。不對！有相當一部分壓力屬人為製造。前者，我們稱為真壓力，後者則是偽壓力。

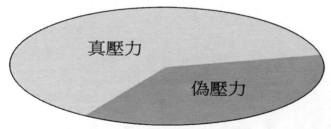

典型的真壓力有：惡劣的物理環境、遭遇不可抗力、發生重大社會變故、個人生活發生重大變化、過於沉重的工作指標……等。

典型的偽壓力有：絕對化的觀念；完美主義情結；過於膨脹的慾望、心情太急切、不良生活習慣、錯誤減壓方式所導致更沉重的壓力……等。

除了上述偽壓力之外，還有兩種關於壓力的錯誤心態也是導致偽壓力生成的重要原因。

(1) 認為自己不該遇上，以消極的心態去面對

對於現代人來說，面對壓力要有足夠的心理準備，要充分認識到現代社會的高效率必然帶來高競爭與高挑戰，對於由此產生的負面影響要有心理準備，免得事到臨頭才驚慌失措。

同樣一件事，以積極的心態或消極的心態去面對，結果會截然不同。大作家雨果有句名言：「思想可以使天堂變成地獄，也可以使地獄變成天堂。」這句話的意思是，同樣的事件，不同的思想會有不同的看法，從而導致不同的結果。

是的，同樣的世界在不同的人眼裡是不同的樣子。工商界人士最怕聽到的一個詞是「市場蕭條」，可日本的經營之神松下先生卻說：蕭條是個機遇。松下公司每次大幅成長的時間點正都是市場蕭條之時。因為在這個時候，管理改革、產品更新、技術進步所面臨的障礙最小。

心理學家說，在人類的天性中，有一種尋求發展和自我實現的需求。面對壓力，如果你選擇的態度是「我能行」，那你就會少一點失敗，多一點成功。

羅曼‧羅蘭在其名著《約翰‧克利斯朵夫》中寫道：「人生是一場無盡無休且無情的戰鬥，凡是要做個能夠稱得上強者的人，都在時時刻刻同無形的壓力作戰，那些與生俱來、能致命的惡習、慾望、曖昧的念頭；使你墮落、使你自行毀滅的念頭，都是這一類的頑敵。」如此這般看待壓力，壓力是否減輕一些？

(2) 誤以為自己是世界上壓力最大的人

「顧影自憐」是人類普遍存在的心態。於是，人類常犯的一個錯誤就是把自己的痛苦看成是世界上最大的痛苦，把自己的不幸當成最大的不幸。

有一次，我腰痛得厲害，夜裡想上廁所都起不來，靠別人的幫助才勉強如廁。當時我在想，得什麼病不好，幹嘛得個起不來的病？第二天，我到醫院去看病。剛好有個熟悉的醫生在骨科病房，我直接去找他，他請我稍坐一下，說查完房就幫我看診。

當我在醫師辦公室等待的時候，隔壁不斷傳來一位女性悽慘的哭聲。我正因為腰疼得難耐而悶悶不樂，聽到這聲音更覺焦躁。於是問身旁的護士：「是誰在哭呢？」

護士告訴我：「是住在郊區的女孩，為了準備婚禮進城辦嫁妝，結果在路上被車撞，導致骨盆粉碎性骨折。想不到準新郎看到她變成這樣，居然就離她而去。」

不知什麼原因，聽了護士小姐的這番話，我突然感到腰痛好了許多，真的，不那麼疼了。出於職業的習慣，我試著分析我自己。

為什麼會這樣呢？原來，我覺得我的痛苦令人難耐，但與這個女孩相比較後，簡直算不上什麼。我是一時之痛，人家可是終身之殘；我只是生理上有痛苦，人家不僅在生理上要比我痛苦得多，而且心理上還有個大創傷。

比起別人，我是一個幸運者。

我們肯定有壓力，可有的人壓力比我們大得多；我們也會有煩惱，但世界上人人都有煩惱，而且比我們的煩惱繁重的人不可勝數。如果你能這樣想，你就會發覺，肩頭的重擔卸了下來，心裡感到輕鬆一些。

壓力自測

不是所有人都需要減壓，也不是所有人都要採用同樣的方式、同樣的力度去減壓。準確地了解自己的壓力狀況，可為是否需要減壓提供科學的依據。

1. 心理壓力（PSTR）自測

請仔細考慮下列每一個項目，看它究竟有多少適合你，然後根據下面發生的頻率進行評分，再將評分加總。

（總是：4分，經常：3分，有時：2分，很少：1分，從未：0分）

★得分與壓力程度對照表

1	我受背痛之苦。
2	我的睡眠不定，且睡不安穩。
3	我有頭痛。
4	我顎部疼痛。
5	若需等候，我會不安。
6	我的後頸感到疼痛。
7	我比少數人更神經緊張
8	我很難入睡。
9	我的頭感到緊痛。
10	我的胃有病。
11	我對自己沒有信心。
12	我對自己說話。
13	我憂慮財務問題。
14	與人見面時，我會窘迫不安。
15	我怕發生可怕的事。
16	白天我覺得累。
17	下午我感到喉嚨痛，但並非憂鬱或得了感冒。
18	我心情不安，無法靜坐。
19	我感到非常口乾。
20	我心臟有病。

21	我覺得自己不是很有用。
22	我吸煙。
23	我獨自一人時感到不舒服。
24	我覺得不快樂。
25	我流汗。
26	我喝酒。
27	我很自覺。
28	我覺得自己像被撕扯得四分五裂。
29	我的眼睛又酸又累。
30	我的腿或腳抽筋。
31	我的心跳過速。
32	我怕結識人。
33	我手腳冰涼。
34	我患便秘。
35	我未經醫師指示使用各種藥物。
36	我發現自己很容易哭。
37	我消化不良。
38	我咬指甲。
39	我耳中有嗡嗡聲。
40	我小便頻繁。
41	我有胃潰瘍。
42	我有皮膚方面的病。
43	我的喉嚨很乾。
44	我有十二指腸潰瘍。
45	我擔心我的工作。
46	我口腔潰爛。
47	我為瑣事憂慮。
48	我呼吸短促。
49	我覺得胸部緊迫。
50	我很難做決定。

你的得分 ＿＿＿＿＿＿＿＿＿＿

★測試結果與分析

分數	PSTR 壓力程度分析
93 或以上	表示你確實正以極度的壓力反應在傷害自己的健康。你需要專業心理治療師給予一些忠告,他可以幫助你消減對於壓力的知覺,並幫助你改良生活的品質。
82 ~ 92	這個分數表示你正經歷太多的壓力,這正在損害你的健康,並令你的人際關係出現問題。你的行為會傷害自己,也可能會影響其他人。因此,對於你來說,學習如何減除自己的壓力反應是非常重要的。你可能必須花很多的時間做練習,學習控制壓力,也可以尋求專業人員的幫助。
71 ~ 81	這個分數顯示你的壓力程度中等,可能正開始對健康不利。你可以仔細反省自己如何對壓力做出反應,並學習在壓力出現時,控制自己的肌肉緊張,以消除生理啟動反應。好老師會對你有幫助,要不然就選用適合的肌肉鬆弛錄音帶。
60 ~ 70	這個分數指出你生活中的興奮與壓力量也許是相當適中的。偶爾會有一段時間壓力太大,但你也許有能力去享受壓力,並且很快地回到平靜狀態,因此對你健康並不會造成威脅。做一些鬆弛的練習仍是有益的。
49 ~ 59	這個分數表示你能夠控制你自己的壓力反應,你是一個相當放鬆的人。也許你對於所遇到的各種壓力,並沒有將它們解釋為威脅,所以你很容易與人相處,可以毫無懼怕地擔任工作,也沒有失去自信。
38 ~ 48	這個分數表示你對所遭遇的壓力很不易為其所動,甚至是不當一回事,好像並沒有發生過一樣。這對你的健康不會有什麼負面的影響,但你的生活缺乏適度的興奮,因此趣味也就有限。
27 ~ 37	這個分數表示你的生活可能相當沉悶,即使刺激或有趣的事情發生,你也很少有反應。可能你必須參與更多的社會活動或娛樂活動,以增加你的壓力啟動反應。
16 ~ 26	如果你的分數在這個範圍內,也許意味著你的生活中所經歷的壓力經驗不夠,或是你並沒有正確地分析自己。你最好更主動些,在工作、社交、娛樂等活動上多尋求些刺激。做鬆弛練習對你沒有什麼用,但找一些輔導師也許會有幫助。

- 得分在 93 以上者，通常已經表現出或潛在具有這樣那樣的心理疾病。需要得到專業心理諮詢工作者的個別指導。
- 得分在 82 ～ 92、71 ～ 81、60 ～ 70 三個區間的人，有著不同程度的過度壓力，需要進行調節。
- 得分在 49 ～ 59、38 ～ 48 兩個區間的人，說明你壓力狀況良好。
- 得分在 27 ～ 37、16 ～ 26 兩個區間的人，壓力感不足。它說明你的生活相當沉悶，並且個人也缺乏進取心。

壓力會上癮？

任何人對壓力都是避之唯恐不遠，怎麼還會上癮呢？但事實上，是會上癮的。生活中我們常常看到這樣的上班族，他們一邊抱怨太苦、太累，一邊又不停謀劃新的專案、建立新的目標、做出新的舉措。

為什麼會這樣呢？

原因一：將壓力等同於地位。在當今社會，「忙不完地忙」已經升級為一種終極社會地位的象徵。你忙，說明你很重要、很有價值。你不忙，說明你實在混得不怎麼樣。

波士頓女性健康中心的專家指出，美國媽媽們總是把忙碌當作一種成就，如果做不到，就會產生挫敗感。

原因二：在無意識之中，將壓力作為削減生活中孤獨感、憂鬱感的一種手段、一種工具，儘管自己也知道使用這種手段與工具的代價。

原因三：有壓力便有資本。有了壓力，你可以對人發牢騷，可以對人撒嬌，可以得到他人的重視、憐憫、關愛。

原因四：承受壓力已成為一種生活習慣。聽說古代戲劇《法門寺》中的賈桂，別人讓他坐下他不肯，硬要站著。問他為什麼？原因是：站慣了，坐下倒不習慣了。

同樣道理，把承受壓力當成一種生活習慣的人，突然打破習慣了的忙碌節奏和壓力慣性，反而會不知所措，甚至產生失落感。

壓力之所以會讓人上癮，源於其自身的「誘惑力」。具體來說，壓力之下，你可以對著別人發牢騷，而且這種感覺相當好。當我們向某個忙碌中的女性詢問事情進展如何的時候，通常會得到這樣的回答：「別問了吧。」這句話背後透露的意思就是：我很辛苦，非常辛苦！

如果我們對她表示讚賞或同情，不管承不承認，她們都能從你的表態中得到寬慰和滿足。這種時候，她們最想聽到和看到的就是「唉，真可憐！」，或者一邊搖頭一邊自歎不如。

曾在網上讀到一篇文章：<壓力上癮的 12 種症狀>(作者：佚名)。讀第一遍時先把它們當成笑話來看，讀第二次時看看這些情況是否也曾出現在自己身上。如果符合的答案超過兩項，就說明你可能已經對壓力產生依賴，應該警惕這種生活方式對身心健康可能造成的不良影響。也許你應該適當放緩生活節奏，關心一下自己的需要和想法了。

★壓力上癮的 12 種症狀

1	如果渡假時間超過兩天，你就覺得心煩意亂。
2	原本全家人一起看電視的晚上，你卻縮在床上，拿著各大商場的優惠券上網搜羅各種促銷諮詢。
3	有聚會之前，你翻出家庭相簿絞盡腦汁地考慮如何將其編輯成具有外交水準的家庭宣傳冊。
4	想不起來上次沒吃早餐是在什麼時候。
5	想不起來上次沒吃午飯或晚飯是在什麼時候。
6	你的小孩能在 5 秒鐘內把一天的活動內容都描述出來，「學校不錯，數學測驗成績不錯，小明告訴我球賽是在周日。」
7	即使身處激情時刻也從來沒產生過任何激情幻想，因為腦子裡總惦記著明早如何收拾廚房。
8	你匆匆遊走於超市的各個貨架，完全按照事先列好的清單購物，很少考慮別的東西。
9	你把睡前瀏覽日程表視為一種放鬆。

10	如果不在紙上記下「餵狗」一項，鐵定會忘記。
11	生日的時候老公送你一台 iPod，至今還被原封不動地放在盒子裡，因為你根本沒時間下載歌曲。
12	你的處事原則是：當你可以打電話跟醫生做預約或者鍛鍊手臂曲線的時候，為什麼要用來散步和嚼口香糖呢？

警惕「消極」減壓方式

有少數人使用了不適當的減壓方法，結果壓力變得愈來愈重，由壓力及不當減壓方式引起的負面作用也愈來愈大。當壓力來臨，人們感到不堪重負的時候，會本能地使出種種招數來緩解壓力。

有些人使用的招數是科學的、有益的、有效的；但也有為數不少的人用的是昏招，結果是：抽刀斷水水更流，事情變得愈來愈糟，壓力愈來愈大。因此，有必要予以高度警惕。下文將列數這些昏招以及正確應對方式：

> ✍昏招一：消沉
>
> 消沉是指一種以持續的心境低落為特徵的情緒失調狀態。實際上就是被挫折擊倒，被壓力打垮後的情緒反應。
>
> 在這裡，他們已經承認自己是失敗者了，對於種種主觀與客觀的壓力情境，已表示無力抗爭了。雖然他們自己嘴上說的是另外一套，諸如「達則兼濟天下，窮則獨善其身」，遁隱山林，乃高人所為；追名逐利，是小人之舉；看破紅塵，是精神的昇華……。總之，用許多自我安慰的話來騙自己。
>
> 萬念俱灰、沮喪頹喪、渾渾噩噩、萎靡不振是常見的表現形態。結果是，他們沒有成為高人，卻成了逐漸被社會淘汰的人；他們也並非不想東山再起，只是沒有這種勇氣，久而久之，也沒了這種能力。他們在心底暗自羨慕著那些成功者，卻又不敢也不好意思在嘴上說出來，真是痛苦得很！

8正確應對方式

1. 認識到這是一種無用且無益的情緒

   除了使你心理上備受煎熬和讓境況越來越差外，再也沒有別的可能性了。唯一的選擇是要從這種狀況中走出來，且愈早愈好。還有一點要說的是，現代社會根本沒有什麼山林可供你遁隱。況且走到哪兒競爭都存在。

2. 不要自己騙自己

   騙別人還可以理解。到了騙自己的時候，尤其是長期騙自己，這種人生十分危險。消沉無非是想逃，可你捫心自問，你逃得了嗎？既然逃不了，不如去積極抗爭。

3. 要有堅定的理想、信念與抱負

   失去了這些，也就失去了生活的支柱與奮鬥的動力。人一定要有所寄託，有寄託才有生活目標，有生活目標就有抗爭的勇氣。

4. 分析導致自己消沉的原因

   消沉的原因無非是失敗與壓力。那麼，就退一步說，這一次我輸了，在壓力面前我扛不過去了，但我又何必消沉。難道我次次會輸嗎？難道我次次在壓力面前都扛不過去嗎？

   不會的，只要我們努力，並找對努力的方向，我們肯定有贏的那一天。一旦消沉，就是一切都完了。古人言：「沒有場外的舉人。」意思是說，你都沒有去考試，哪有中舉的可能性？

〆昏招二：投射

投射作用是指將自己內心存在的某些不被社會所接受的慾望、衝動或思想觀念，轉移到別人身上，說自己沒有而別人有這種慾望、衝動或思想觀念，以此來逃避自己心理上的不安。「以小人之心，度君子之腹」便是這種心理的典型表現。

這種消極心態常由單位裡複雜的人際關係所引起，引起之後又進一步破壞人際關係。我們都清楚，在工作中，很大一部分壓力來自於人際關係的不和諧。當兩個人發生衝突，人們通常都把對方的行為理解成是蓄意、惡意的。

職場中的人常歎曰：「江湖險惡，人心險惡」。其實，有時情況並沒有我們想像中的那麼壞。人際衝突中很大一部分是誤會引起。

但是，如果我們自己心中有鬼、心理陰暗、凡事往壞處想、做人往惡處做，卻認為別人也是如此，似乎自己得到了心理的平衡，但其實事情愈搞愈糟，關係愈來愈壞，而你的壓力也會愈來愈大。

8正確應對方式

1. 建立一個基本的判斷：這個世界上有好人，也有壞人，但好人總比壞人多。不可能你所遇到的全是壞人，如果你是這麼認為的，那只能說明你自己就是壞人。

2. 不要把別人的所言所行，都往「惡」、「壞」的方向去理解。別人沒有那麼壞，至少說沒必要那麼壞。其實你這樣的想法是反應了自身的心態。

3. 請警惕！如果你有這種消極心態，不僅會增加虛幻的壓力，而且會導致一系列的心理與生理病變。請儘早改變這種心態，相信：「人之初，性本善。」

✎ 昏招三：推諉

推諉就是在自己受挫時，將自己的受挫原因完全歸之於外部世界、歸之於他人，以此擺脫心靈上的內疚。著名案例就是當項羽兵敗垓下，自刎烏江時，他還是沒有真正認識到自己失敗的原因，還自我安慰：「天亡我，非戰之罪也！」

人們在壓力狀態下，特別是在因壓力而失敗之後，推諉是非常常見的心理防衛機制或曰心態表現。例如生意沒談成，說客戶太刁難；機器修不好，說工具不齊全；職務沒有晉升，說上司偏心眼。

8 正確應對方式

1. 監控自己，當發現自己總是做不好事，又總覺得自己沒責任的時候，就要注意是否產生推諉現象了。

2. 要正確歸因，一件事做不好，自己肯定不會一點責任沒有。例如學生考試成績不好，有些老師會把學生臭罵一頓。可是學生考不好，難道老師自己就沒有責任嗎？難道不需要從自己的教學中去找原因嗎？

3. 看看與自己相同情況的人做得如何。如果別人做得很成功，我們就不能向外部環境推諉了。

✍昏招四：幻想

幻想是與個人願望相聯繫的並指向未來的想像，有理想與空想兩種形式。以客觀現實的發展規律為依據，並指向行動，經過努力可以實現的幻想就是理想；完全脫離現實，毫無實現可能的幻想就是空想。

這裡所說的幻想，就是指後一種形態。它是個體在受到挫折後把自己置於一種遠離現實的想像境界，以非現實的虛構方式來應對壓力、挫折、取得滿足。這種空想常導致白日夢。

這種情況是小資常見病，尤其容易發生在壓力大、挫折多的時候。

☙正確應對方式

1. 這種空想偶有所為屬正常，對化解心理壓力，也有一定好處。但長此以往，就會成為病態。

2. 告誡自己一定要分清現實世界與虛幻世界。絕不能以虛幻世界替代現實世界。

3. 發現自己總是不能擺脫這種心理狀態時，就要去找醫生諮詢了。

∥昏招五：退化

對於正常人而言，在不同的年齡階段，應該表現出與這一年齡階段相符合的行為特徵。一個 5 歲的兒童，應該表現出幼兒的行為特徵；一個 30 歲的成年人，應該表現出成年人的行為特徵。而退化則是指個體在遇到重大壓力情境或挫折時，退回到較低的心理發展水準，出現與自身年齡極不相稱的幼稚行為。

例如有些成人在遇到壓力或挫折後蒙頭大睡、裝病不起、嚎啕大哭，這些都是退化的行為表現。他們想用較原始且幼稚的方法應對困難，或是利用自己的退化來獲得別人的同情與照顧，以避開現實情境的問題與痛苦，嚴重的精神分裂症患者甚至可以退化到「子宮內生活」的狀態。處於這種狀態的患者嚴重脫離現實，蜷曲為胎內嬰兒姿勢，與外界斷絕一切接觸。

顯然，退化是以不負責任的方式應對壓力情境。雖然可以得到暫時的解脫，但事情卻沒有因此而了結。這種不成熟行為只會把現實的困難與問題搞得愈來愈複雜。

∂正確應對方式

1. 在工作中遇到問題時，應當冷靜下來，認真分析問題發生的原因為何，以及要如何解決問題。一味的退縮只能使原來的優勢蕩然無存，問題會越來越多。

2. 退化的人常有過分自責的特點，每每把失敗的責任都歸咎在自己的身上，又無力承受，只能選擇退化來面對壓力情境。

   鑒於此，我們在遇到壓力及由壓力導致的挫折時，不要都以為是自己的錯。有些是客觀因素所致，有些是其他人做得不好，不是我們的責任。我們只能承擔自己該承擔的責任，改進自己可以改進的工作。這樣去想的話，你會輕鬆許多。

〆昏招六：酗酒

現代科學已經證實，少量的飲酒對健康是有益的，可以造成舒筋、活血、化淤的作用，對於調節人的情緒，活躍人際關係也有幫助。但酗酒，即飲酒過量，進而出現酒精中毒的現象，那從任何角度來說都是不可取的。酒精中毒的現象很普遍，在美國人的主要病患中，酒精中毒占第四位，已成為一個重要的社會問題。

酗酒的負面作用顯而易見。長期飲用酒精可能損害中樞神經系統，並易罹患其他疾病，如結核病、肝病等。酗酒也是導致家庭破裂、工作表現不好、個人孤立於社會的重要原因。酒精所帶來的高犯罪率和酒後駕車造成的悲劇性後果對社會極為有害。

造成酗酒這種壞毛病的原因是什麼呢？雖然有少量證據表明與遺傳因素有關，但大多數學者還是認為，酗酒者起初是為了減少因個人問題引起的焦慮才學會飲酒的。酗酒者往往是不成熟和好衝動的人，他們自尊心不強，感到未能實現自己的目標或標準，並且具有經不起失敗的表現。

舉杯消愁，這不是現代人的發明，可以說古已有之。晉代的竹林七賢、唐代的李白都是實踐者。但他們的目標實現了嗎？恐怕都沒有，反而是「舉杯消愁愁更愁」。

舉杯消愁從本質上說是一種自我麻醉。那麼，後果又是什麼呢？

1. 使受挫的範圍更大，醒來以後壓力感更強。

2. 使人的精神世界徹底崩潰。因為自我麻醉的最直接結果是使人神情恍惚、萎靡不振，也使人不思進取、自甘墮落。

3. 讓人思維紊亂，使正常的認知加工無法進行。在工作和生活中，為了應對紛繁複雜的外部世界，我們必須要有敏捷的思維，這是在工作和生活中採取積極而合理行動的基礎，如失去了這一個基礎，則無異於「盲人騎瞎馬，夜半臨深池。」

總之，因工作或其他壓力導致酗酒，酗酒後又導致工作效率與效益大幅降低，失敗的體驗又導致更多的飲酒，這就是酗酒者的生活常態。

✗ 正確應對方式

1. 使用戒酒藥物。有一些藥物如戒酒硫是酗酒者的常用藥，它可以減輕戒酒期酒癮發作的典型症狀：震顫、出汗、噁心。血液中有了這種化學元素後，一飲酒就會引起強烈的噁心。

2. 認識到飲酒對身心的傷害，對工作、事業的不利。這一點非常重要。藥物治療也只有在當事者認識到酗酒的危害，並真心誠意希望戒酒時才有作用。

3. 酗酒者應該學習消磨時間的新方法以代替飲酒。

4. 緩解焦慮、擺脫憂鬱、平息怒火——首先就消除了求助毒品或酒精的原動力。現行很多戒毒戒酒的治療方案都補充了基本情緒技能的學習。

✎ 昏招七：自殺

這是一個既沉重，但又不得不說的話題。我們在「壓力現狀描述」中已經看到數位職場上班族不幸走上了自殺的道路。其實，媒體報導的僅僅只是極少的一部分。

從世界範圍看，目前每年估計有 100 多萬人死於自殺，而自殺未遂的人數可能是死亡者的 10～20 倍。中國自兩千年以來，每年 10 萬人中有 22.2 人自殺，每 2 分鐘就有 1 人自殺、8 人自殺未遂，在 15～34 歲的人群中，自殺更是首位死因。

自殺已成為世界各國關注的重大公共衛生問題。生命是多麼珍貴！可為什麼有人要選擇輕生的道路？不管背後有什麼故事，不堪沉重的心理壓力是其一致的因素。但不論如何，這種做法都不能認同，更不值得讚許。不管死得有多麼壯烈，還是必須說自殺者只有一個名字：「弱者」。

✗ 正確應對方式

1. 人們的壓力是很大，但天無絕人之路，事情總有辦法能解決。即使真的解決不了，那又怎麼樣？我們本來就是凡人，凡人

不能解決所有遇到的問題並不丟人。況且，即使現在無法改變現實，但隨著時光的推移，現實可能就自己改變了。

2. 別以為自殺是解脫。要說解脫是你解脫了，你的親人卻添加了沉重的負擔。這不是很自私的行為嗎？難怪在宗教倫理中，自殺者不得入天堂。

3. 自殺不是勇敢的行為。勇敢是有膽量、不畏艱險的道德品質，與冷靜、理智有天然的聯繫。但勇敢絕對不等於不怕死，從本質上說，自殺是一種怯懦、逃避。把自殺當勇敢或者是一種誤解，或者是一種自我欺騙。

4. 當有了這種念頭，你千萬要多想一想，為自己想一想，為親人想一想，最好能找個人談談，打諮詢電話也行。

不妨告訴你，所有自殺的人在行動之後、臨死之前的那一刻，都是後悔的。

魔鬼藏在心裡

我是混得最慘的人

都市的夜空，喧囂著數不盡的繁華，我坐在辦公室裡，望著窗外的一切。一輛輛高檔轎車急駛而過，間或停了下來，走出一對對衣著時尚的情侶，他們是去飯店？還是商場？我不知道！我知道的是，他們肯定不是正要去打卡上班。

真實案例

大飯店的門前，人流如梭。酒吧街上，燈火酒綠。購物中心裡，有些人好像根本不把錢當回事，你看他們刷卡時的那副德行，彷彿在玩一個輕鬆的遊戲。

而我，卻坐在辦公室裡，加班。

到了深更半夜，我像垃圾一樣被扔出辦公室。捷運沒了，公車沒了，計程車倒是不少見，可我卻在激烈地思想掙扎？坐還是不坐？

回到家裡也沒熱噴噴的飯菜吃。老婆要麼滿臉冰霜，要麼無休止地重複那些字句：房貸、孩子上學要繳什麼費用、何時能買車……？

活得不像都市人那麼高雅，也沒有鄉下親友的那般滋潤。看看周邊的人，哪一個過得不比我好啊！以前的同學，有的做了官，有的發了財，也有的在企業裡混得如魚得水。偏偏只有我，功不成、名不就、權沒有、錢不見、家不和。記得當時，他們明明也不比我強到哪裡去！但我怎麼就混得這麼慘？

深度分析

我們得承認，在他身上存在著客觀的壓力源，他混得的確不怎麼樣。但客觀的壓力源並不是他所承受的壓力的全部。

他自己在心理上也犯了一個錯誤，那就是**被一種錯誤的比較觀所籠罩**。人性的弱點之一是我們常常生活在與別人的比較之中，而這種比較通常是沒有意義的。

　　誠然，人在社會上，不與他人比不可能，但要有正確的比法，以及良好的心態。那些活得累的人，就是太喜歡拿自己與別人作比較。如果發現自己處於優勢，就開心自豪；如果處於劣勢，就沮喪自卑。沮喪、自卑後，壓力便不期而至，好大一個「累」字重重地壓在心頭。

　　錯誤的比較形態主要有兩種：

　　(1) 在每一個階段的比較中都要占上風

　　其實，人生中的大部分比較都屬於「階段性比較」。過了那個階段，比較的內容將變得毫無意義。比如說你對同事說，我在上中學的時候，成績特別優異，在學校總是名列第一。

　　對方會有什麼反應呢？會肅然起敬嗎？恐怕不會！他們可能會說：「原來你是高材生？但現在好像也不怎麼樣嘛！」不可否認地，上中學時成績好能帶來優越感，但過了這階段，一切都將沒有意義。

　　我們真正要比拼的是一生的生活品質，而不是一時的輝煌。所以，即使在某個階段的比較中居於下風也不必過於沮喪。

　　(二) 在每一個方面的比較中都要比別人強

　　你見過世上有誰處處都比別人強、時時都過得比別人好嗎？不可能有這種人，如果有人說他就是這樣，這人肯定是個騙子。

　　如果你在頭腦中確立了這麼一個基本事實，那你的壓力就會小得多。總而言之，一個人不能時時處處與別人比，尤其不要拿自己的短處與別人的長處比。如果你總是這樣，那就慘了。試想，我們與姚明比身高，就是侏儒；與比爾・蓋茲比財富，肯定是乞丐；與愛因斯坦比智慧，近乎弱智；與貝克漢比長相，連他的手指頭都比不上。

　　其實，你把這些人的另一面與你比，就會發現許多地方他們還不如你呢。譬如姚明不能自由地逛街；比爾・蓋茲的胃口可能不怎麼好 (有錢，但吃不下去)；愛因斯坦的英語水準不怎麼樣。

這樣一想，你是否釋然些？

再說，我們何必非得與這些人較勁呢？想一想那些真正有生活困難的人；世界上還有很多連基本溫飽都沒法實現的人，自己的生活與他們相比又是多麼的幸運！

記得有一首兒童詩，大意是這樣的：「滿街都是新鞋，我是多麼寒碜。纏著媽媽哭鬧著，直到突然看到一位失去腿的人。」

突破心法

你可以隨機列出身邊 10 位最熟悉的人，把他們的長處、得到的好處一一羅列出來。然後再看看他們有哪些短處，以及他們得不到的、失去的（比如整天在外大吃大喝，結果搞出個「三高」），都梳理出來。再來看看自己，與他們作比較。是不是他們所有指標都比我們好？

實際上是不可能的。我們有不如他們的地方，他們也有不如我們之處。透過這樣的全面比較，你的心態是否會平和一些？告訴自己，當下的境遇可能不佳，可心態一定不能不好。心態不好，事情會愈來愈糟，境遇會愈來愈差。

再來找一找突破點，看看從哪兒著手有可能使自己的境遇得以改觀？一定有！只要認真去找。但切記期望值不要太高，羅馬城不是一天建起來的。凡事都要有個過程。

Ψ 延伸閱讀 Ψ

〈互相羨慕〉

樹林裡住著兩隻長臂猿兄弟，他們整天在樹枝間嬉戲玩樂。這樣的日子固然歡樂愉快，但由於每天只能找到一點點食物，他們一直悶悶不樂。

有一次，長臂猿兄弟閒逛到山腳下的動物園，只見其中一個籠子裡關著一隻紅毛猩猩，牠的面前擺了許多的水果和食物，令

那對兄弟垂涎三尺。長臂猿弟弟就對哥哥說：「老哥，我真羨慕那只紅毛猩猩的待遇，它每天不用做任何事，就有這麼多美味可口的東西可以享有，不像我們整日操勞，才能得到一點食物。」長臂猿哥哥摟著弟弟無奈地點頭說：「你說得對極了。」

這個時候，籠子裡的紅毛猩猩無精打采地抬起了頭，以十分羨慕的眼光望著長臂猿兄弟，心裡想著：「唉！我真羨慕那兩隻長臂猿兄弟，每天可以自由自在地盪來盪去。多逍遙自在啊！」

付出得太多

真實案例

K 從小就是一位優秀的孩子，每次考試都是第一名。後來考上國內的一流名校，畢業後去國外深造讀博士，回國後進入一家跨國企業。

K 的工作能力強，公司有個 1 年才能搞定的項目在他手上僅花 2 個月就完成了。他工作認真、謹慎、執著，更難能可貴的是他為人老實謙虛，與同事關係融洽。

在家中他也是個公認的好男人，孝順父母，疼愛妻兒，家人都很依賴他，大小事都要由他來決定，可謂不折不扣的棟樑。有次家人要出去踏青，但剛好 K 要加班，於是他一早開車將家人送到目的地，然後自己再去上班，下午下班後又將家人接回去，樂此不疲。

這時 K 的公司交給他一個大專案，時間緊迫且工作量巨大。為此，作為負責人的 K 常常連續加班到很晚，回家後也會向妻子抱怨公司的下屬工作效率低下，自己真的好累。

平時不抽煙的他突然變得煙癮很大，一天能抽上 3 包香煙。妻子想說這是因為他工作壓力太大，等專案結束就會好了，沒放在心上。

然而，就在專案即將完成時，意想不到的事情發生了。那天，K像往常一樣反覆檢查每個環節，顯得有些心浮氣躁。晚上加班時，他對同事說想去天台透透氣，結果很久都沒回來，同事們覺得不對勁去找，才發現他已經從天台上跳了下去。

擁有 36 億身價的山東德州晶華集團董事長苗建中猝死家中，有關他的死因有種種猜測，但警方已認定是自殺，且是因憂鬱而自殺。

苗建中一直有事必躬親的管理風格，據他身邊的人透露，他每天工作長達 15 個小時以上，有時一天要批覆的文件有五六十份，直到凌晨兩點左右才審閱完畢。

晶華集團高層人士說，苗總的主要壓力來自於集團的管理工作。此觀點在晶華集團的悼詞中也有所體現：「在企業發展的進程中，苗董事長承擔了常人難以想像的工作壓力。作為一個完美主義者，他事事要求做得最好，力求最精。在沉重的工作壓力下，身體和精神嚴重透支，產生了心理障礙，從而產生了憂鬱傾向……。」

深度分析

你聽說過「巴烏特症候群」嗎？就是一生都在拼命工作，突然有天就像馬達被燒壞了一樣，失去了動力，陷於動彈不得的狀態。具體表現是：焦慮、健忘、對他人的情感投入低，對性生活沒興趣……。

究其原因，這是由於在現代社會中為求生存，奮力拼搏，耗盡了體力、精力，但精神得不到放鬆而導致疲倦的症狀。以上二位，可能就是「巴烏特症候群」極端的受害者。

人是要有一點精神的，人在這個世界上不奮鬥一番幾近白活。但凡事得有度。楚人宋玉《登徒子好色賦》云：「天下之佳人，莫若楚國，楚國之麗者，莫若臣里，臣里之美者，莫若臣東家之子。東家之子，增之一分則太長，減之一分則太短，著粉則太白，施朱則太赤，眉如翠羽，肌如白雪，腰如束素，齒如含貝。嫣然一笑，惑陽城，迷下蔡。你瞧，美女的任一特徵，也會過猶不及。」

做事做人也是這個道理，不停地忙碌，不停地追求，就像一輛賓士汽車不去保養、不加油，一定會在哪天因損耗過度，戛然而止。

突破心法

學會有張有弛，**不是不要工作，而是不要拼命工作**。退而言之，不得已時拼一把可以，但不能成為常態。成為常態就是違反規律，違反規律就要受到懲罰。工作越忙越要注意休息和鍛鍊，勞逸結合才能達到工作的最佳狀態。

幹活要有節奏感，一段時間忙碌之後，就要安排一段時間的休息與放鬆。著名作家林語堂，在海外居住了 30 多年，空閒時會盡情玩樂。

他規定自己每年產出一部作品。完成之後，就放自己一個月至兩個月的假去旅行。他是一個喜歡旅行也懂得在旅行中找樂趣的人。他總說一個人要有嚴肅的一面，也要有輕鬆悠閒的一面，這樣才能使心靈得到調劑。

因此，他有時把整個假期都消磨在世界著名的賭城裡。他喜玩輪盤，但不著迷。賭徒的一些毛病，他似乎也免不了，譬如贏了錢捨不得走，把錢袋裡的錢輸光了才安心回去。但他賭得有分寸，也絕不因賭而誤事。帶去的錢輸光了，就坦然離去，回家工作。因為，他的錢買到了他的「樂」。

林語堂說：「賭絕不是什麼好事，但我並不反對，我只反對賭得流連忘返，賭得忘了工作。」他不打麻將，也不玩橋牌，原因是它們太費腦筋，而工作已經消耗掉不少腦細胞了。

社會進步的典型特徵之一就是分工越來越細，文藝復興時期那種百科全書式的人物在當今已不可能出現，那種靠單打獨鬥闖天下的現象也不會再上演。如今，你要取得成功，要依靠團隊而不是個人。天大的事一人扛，是過去的英雄形象，但不是職場上應效法的榜樣。要學會把壓力分解、傳遞到你所在團隊的其他人身上。

這不是推諉，也許別人正想有一個發揮自身潛能的機會呢？如果什麼事都是你一人做，一人擔，別人也只好袖手旁觀。說不定還在背後罵你呢！所以可能的話，要將把工作分攤或委派以減小工作強度。

別以為你是唯一能做好這工作的人，不僅會給自己帶來更多工作，也會讓工作強度、心理壓力大大增加，心理枯竭也將不期而至。

Ψ 延伸閱讀 Ψ

《你好，黑夜》節選（卡倫‧墨菲著楊綱、杜洋譯）

今天的美國人，有許多理由讓自己因為不是活在百年前而感到欣慰。同樣地，他們也有許多理由哀歎自己沒生活在那個年代。

一方面，過去他們沒有選舉法，沒有盤尼西林，沒有拉鍊可以使用，就連每日必看的電視「肥皂劇」也不過才有十幾年的歷史；但另一方面，過去沒有收入稅，沒有核恐懼，更沒有愛滋病。更有甚者，那時美國人的平均睡眠時間比現代人多出 20%。

「更佳睡眠委員會」認為，18 世紀末的美國人，平均一天夜裡的睡眠時間是 9 至 9 個半小時，而今天的美國人卻只能睡 7 至 7 個半小時。另外有證據顯示，這種低睡眠的現象仍呈上升趨勢。

為什麼我們在一定程度上放棄了睡眠呢？許多評論家大多把此歸罪於一種可以稱之為「美國生活方式」的東西。我們是一個天性忙碌和雄心勃勃的民族，我們用特定的力量構築了特定的環境：時常降低薪資水準，居高不下的離婚率，飛速發展的通信事業，跨越時區的飛機旅行，日益普遍的足球狂熱……，使每一個人從 4 歲起就不得不在充滿壓力的環境裡操勞奔波，疲於生活。

我從來不認為黑暗對人類具有什麼重要性，直到我讀了一位名為約翰‧施陶德邁爾的科技發展史學家的文章後，才認識到這一點。他在文中闡述了一個觀點：愛迪生之前，在人類長期的成長過程中，儘管黑夜籠罩，給我們的生活帶來許多不便，但也因此阻止了我們的祖先去進行更多的活動，使他們有足夠的時間去

睡眠。他寫道：「對於大多數人來說，黑夜降臨，就意味著他們全天工作的結束。人們可以利用這段時間，在家中做一些悠閒、富有情感的事情，譬如說故事、做祈禱、敘親情，或上床睡覺等。

施陶德邁爾認為，對我們來說，損失最大的是我們已經失去了中世紀對事物進行的一些客觀評價。這些評價認為，就人類而言，不能簡單地把光明當作有序、客觀和進步的同義詞，而把黑暗看作無序、恐怖和非理性的象徵。

對他的觀點我不敢苟同，但電的存在，對造成人們睡眠不足的作用是不容置疑的。那些我們願做不願做的事情——享樂的、謀生的，都是因為有了電，迫使我們要利用更多的時間去做這些事情。以往黑暗就像我們面前一條難以逾越的鴻溝，使我們的創造力受到極大的限制。

電的產生，讓我們從黑暗中賺得更多能使我們進行工作的機會，這正像荷蘭人透過圍海取得新闢的土地一樣。在美國，有500萬以上的人在午夜還幹著白日的工作。超級市場、加油站、商店——從來就沒有關過門。可以這麼說，由於電的發明，使我們的生活節奏越來越快。

因此在日益緊張的生活中，人們會想各種各樣的方法來降低帶來的壓力。這令我想起20世紀60年代中期在愛爾蘭的經歷。在愛爾蘭，供電部門經常出現一種讓人無法預料的故障，常常導致整個地區停電。工程師們儘管了解這種故障的原因，卻從不及時處置。燈光驟然熄滅，時鐘停止擺動，電視影像消失。司機們在交通信號燈前變得悠閒自得，整個社會停止了運轉。人們在這段時間感到了從未有過的輕鬆。

在愛爾蘭，這段時間被人們稱之為「神聖時光」。也許，大家都需要這麼一段神聖的時光，能讓我們短暫地終止一下緊張的生活方式，使我們每天能夠保持9個半到10個小時的睡眠時間。這一小段「神聖時光」帶來的好處，能讓我們受益無窮。

＜智者一失＞

在中國人心目中，諸葛亮是智慧的化身。但「智者千慮，必有一失。」諸葛亮一生最大的失誤來自於他的那句名言：「鞠躬盡瘁，死而後已。」為了報答劉備的知遇之恩，也因為害怕因一失足而後憾，他把什麼事情都攬在自己手上做。

在蜀營，士兵因犯錯而打二十軍棍時，他都親自訊問，結果搞得自己身心疲憊。司馬懿與諸葛亮打仗是屢戰屢敗，尤其是「空城計」把他搞得很沒面子，但司馬懿也贏過幾次。

當時諸葛亮六出祁山，北伐中原，想與魏軍決戰。但司馬懿始終穩守營壘，諸葛亮幾次向他挑戰都沒用，雙方在五丈原相持一百多天。要使魏軍出來打，只有想法子激怒司馬懿。諸葛亮利用當時輕視婦女的風俗，給司馬懿送去一套婦女服飾，意思是這樣膽小怕戰，還是回去做個「閨房小姐」吧。

魏軍將士看到主將受到嘲弄，氣惱得嚷著要與蜀軍拼。司馬懿知道這是激將法，並不發火。他安慰將士說：「好，我向皇上上個奏章，請求准許我們跟蜀軍決戰。」

過了幾天，魏明帝派了一個大臣趕赴魏營，傳令不許出戰。蜀軍將士聽到消息，感到失望。只有諸葛亮懂得司馬懿的用意，說：「司馬懿上奏章請求打仗，這是做給將士看的。要不然，大將軍率領軍隊在外，哪有千里迢迢去請戰的道理。」

諸葛亮料到司馬懿的心理，司馬懿也在探聽諸葛亮的情況。有一次，諸葛亮派使者到魏營去挑戰，司馬懿有禮貌地接待使者，跟使者聊天，說：「你們丞相公事一定很忙吧。近來身體可好？胃口怎麼樣？」

使者覺得司馬懿問的都是些客套話，也就老實回答：「丞相的確很忙，軍營裡大小事情都要親自抓，他起得很早，睡得很晚，只是近來胃口不好，吃得很少。」

使者走了以後，司馬懿就跟左右的將士說：「你們看，諸葛亮吃得少，事務又那麼繁重，能支撐得長久嗎？」

不出司馬懿所料，諸葛亮由於過度疲勞，終於在軍營中病倒了。最後死在五丈原。但更嚴重的後果是，由於諸葛亮生前把一切都攬在手裡，手下沒有鍛鍊、展現才華的機會。在他死後，蜀中無人，迅速滅亡。這是一個智者的悲劇故事。

★測一測心理枯竭離你有多遠？

請根據自己的真實情況，對下面的問題做出「是」或「否」的回答。

1	情緒變化無常，並經常感到莫名其妙的擔心。
2	感覺自己精力透支，經常有即將「塌陷」之感，失眠現象嚴重。
3	記憶力糟糕、思維遲鈍、注意力不集中。
4	脾氣暴躁，為一點小事動怒。
5	經常加班，每天平均睡眠不足 6 小時。
6	經常胃痛、頭痛、背痛，感覺全身乏力。
7	一想到上班就心情低落，總是盼著假期快點到來。
8	和同事關係緊張，想到要見上司就發怵。
9	戶外活動明顯減少，做事提不起精神，過分貪睡，飲食不規律。
10	自我評價降低，經常有失敗感和無能為力感。

以上題目，如果你的回答超過 4 個「是」，說明職業枯竭症雖然還沒有侵入你的生活，但已經為期不遠了；如果你的回答超過 5 個「是」，說明職業枯竭症已經侵入了你的生活。

壓力太重，我想逃

真實案例

W 是一名業務經理，負責全公司產品的銷售工作。他每天工作勤懇盡責，一心想把工作做好。可事與願違，隨著競爭日趨激烈，同類產品不斷湧出，業績每況愈下。而當初立下的軍令狀就像一座大山，重重壓在他的身上，使他喘不過氣來。

漸漸地，一種莫名的恐懼在 W 心裡生成，他仿佛看到前任經理的結局就是自己即將到來的命運，變得力不從心。重壓之下，他乾脆選擇逃避，三天不上班，手機關機，待在家裡什麼事情也不做，即使跟朋友出外聊天也顯得心事重重。

到了第四天，垂頭喪氣的 W 終於去找心理醫生，坦承：「現在的我真是累，一進公司就感到緊張，以前的那種幹勁不知到哪裡了。現在我只想找個安靜的地方，靜靜地睡上一覺，再也不想面對這些令人煩惱的問題。」

深度分析

我們並不提倡面對所有的問題、痛苦都不要逃避，「明知山有虎，偏向虎山行」，這要看具體情況。如果非常有必要這麼做，可以「偏向虎山行」；如果必要性不是太大，更好的選擇是不行或繞道而行。再則，面對過於痛苦的事情，適當的逃避也是必要的。

但是你得搞清楚所面臨的問題能不能逃得掉？如果能逃得掉，那就逃吧。「退避三舍」未必不是智者的選擇。但如果逃不掉呢？對不起，就只能面對了。

在許多情況下，人無法做到真正的逃避，逃避更無法真正地解決問題。有些事情，雖然很痛苦，但現實註定你逃不掉，所以只能勇敢地去面對它、化解它、超越它，最後和它達成和諧。例如在大學裡，你不喜歡高等數學，對之深惡痛絕，但你能不學嗎？如果你想拿畢業

證書的話。

客觀地說，現代人想逃比古人更難。歷史書中常常寫道，某人失意於官場便歸隱山林，浪跡江湖，遠離塵世。可現代人做不到。E-mail、手機、筆電、寬頻和無線上網使工作變得無所不在，這種超時空的工作壓力，讓你即使在家，也無處可逃。美國職場壓力管理專家喬恩‧卡巴特‧津恩：「工作借助這些工具剝奪了人們的休息時間，以及同家人相聚的時間。」

在家裡處理工作的人、假日裡用手機談論工作的人、在飛機上處理公務的人比比皆是。難怪現代人會發出歎息：「還是農業社會好啊！」

許多情況下我們逃不掉，而有些情況下我們也不該逃。試想，一個遇到困難就逃的人能有出息嗎？會有價值嗎？能活得有尊嚴嗎？面對痛苦的人會從痛苦中得到許多意想不到的收獲，它們最終會變成生命的財富。在解決困難的過程中釋放出自己的潛能，讓自己更強大。

結論：以逃避的方式來減壓，只會累加壓力，讓自己更痛苦！

▰ 突破心法

如果你實在不適合現在的工作，或者實在不願意做，那就申請換部門，或者乾脆離職。這不叫逃避，叫轉移。一個人的第一份工作、第二份工作可能本來不是他所擅長或有興趣的。不作轉移，又想逃避，那是跟自己過不去。

試一試，今天就硬著頭皮不逃避，甚至不躲閃，去面對困難、面對窘境、面對一切。一天下來後，感覺如何？是更壞了，還是反而好受些？沒準這種選擇反而能得到心靈的平靜。

雖說不要逃避，但也不是一刻都不能躲閃，有時我們也需要透過躲閃將心情作一番調整。當然，這是偶一為之，並且是片刻而非常態。例如我不想接聽電話、不想開會。下午兩點，我從辦公室逃離出來。我可以忙裡偷閒放鬆一下、調適一下心情。我去到離辦公室兩站

車程遠的咖啡館，只要了一壺冰茶，那沁人心脾的涼意浸透我的全身；在輕音樂的環繞下，只隨意翻翻當前最流行的時尚雜誌。

這種環境沒有曖昧，身在其中，感受到的是踏實，心靈就會得到小小的休憩。我心無旁騖，到這裡來，就是為了遠離工作與生活，那些雜七雜八的事不屬於這裡，不屬於此時的我。

逃離熟悉的辦公室，獨自上街吃吃喝喝，已經成為最適合我的解壓方式。在家和辦公室兩點一線之外找一處讓心靈短暫出逃的第三地，**虛度光陰，是為了更專注地感受生活。**

Ψ 延伸閱讀 Ψ

＜影子真討厭＞

「影子真討厭！我們一定要擺脫它。」小貓湯姆和托比都這樣想。然而，無論走到哪裡，湯姆和托比發現，只要一出現陽光，它們就會看到令它們生厭的自己的影子。

不過，湯姆和托比最後終於都找到了各自的解決辦法。湯姆的方法是，永遠閉著眼睛。托比的辦法則是，永遠待在其他東西的陰影裡。

湯姆和托比解決問題的辦法代表逃避的兩種基本方式：一是徹底扭曲自己的體驗，對生命中所有重要的負面事實都視而不見；二是乾脆投靠痛苦，把自己的所有事情都搞得非常糟糕，既然一切都那麼糟糕，那個讓自己最傷心的原初事件就不是那麼讓人心疼了。

表面上看，似乎把影子擺脫了，而實際上則給自己帶來了更大的麻煩和不便。

不工作多好啊

■ 真實案例

忙碌的一天又匆匆度過了。幾乎每天都重複一樣的事：早起、上班、備課、上課、輔導、批改、下班、吃飯……這份工作年復一年，日復一日，周而復始，沒有變化。

如果能每天睡到自然醒，上午讀經拜佛，下午喝點茶，看看股市，逛逛街，晚上上上網，這樣的生活該多麼愜意啊！不用去眼花繚亂的批改學生的作業，不用生氣地面對不肯用心學習的學生，不再有上完課後的滿身疲倦、口乾舌燥、肝腸氣斷；不用為人事的紛擾、競爭去煩惱，不用為了工作而顧不上自己的孩子……，如果這樣多好！

你說，我們還沒畢業工作該有多好，我們可以經常見見面，聊聊天，談談心。我們可以很有資本地說整天見這些人真煩。

你說，我們還沒畢業工作該有多好，我們會去打球打到虛脫，K歌K到破嗓，去追女孩，去逛街壓馬路，去做一切現在看來非常奢侈的簡單事。

你說，我們還沒畢業工作該有多好，可以一起玩魔獸，看最新的電影，一起鬥地主……，做很多當初被我們罵作沒出息的事。

你說，我們還沒畢業工作該有多好，我們天天在課堂上見面，我不帶書，你不帶筆，然後大家合作應對老師的各種突襲。

你說，我們還沒畢業工作該有多好，我們可以不用每天為房子、前途發愁，不用讓不成熟的自己面對婚姻，不用讓鬢角斑白的父母操心終身大事。

■ 深度分析

我知道上述幾位他們說的是氣話，也可以看作是一種發洩。但這也表現了他們的心情，反應出他們面對壓力的態度。

這種心情、態度透露出的資訊是他們因工作壓力產生倦怠感，嚴重一些就是職業倦怠症。這是一種現代職場流行病，加拿大著名心理大師克麗絲汀・馬斯勒將職業倦怠症患者稱為「企業睡人」。

「企業睡人」有哪些表現方式？每天朝九晚五奔波於職場，不加班就謝天謝地了；身心非常疲憊，對工作不再有熱情，只是憑著「慣性」機械地做事；一想到要去上班，情緒就很低落；一走進辦公室，看到周圍的同事有說有笑，心情就更加煩躁；週一就盼週末，到星期五，心情就會明顯地變好，但是一到星期日晚上，心情又跌入低谷……。

這時就會出現幻想，甚至白日夢：要是不工作那該有多好啊！

不工作有可能嗎？對於少部分人來說是有可能的，比如富二代。但對大部分人來說是不可能的，不工作如何養家糊口？去吃最低生活保障？那日子過得也太寒磣了。

而且，不工作好嗎？不好。人不做正經事，久而久之，你就被廢了。想想清軍入關時，僅 10 萬人馬就打下江山，那是何等驍勇，何等英武！他們的後人，即所謂八旗子弟，以俸祿為生，整天提著鳥籠到處閒逛。一時是快活了，可後來呢，不僅窮困潦倒，還淪為千古笑柄。

不工作會活得滋潤嗎？並不。至少對大部分人來說是如此。人有物質需要，也有精神需要。滿足不了成就感，就談不上活得有價值、活得有尊嚴。別人可能連多看你一眼、多與你說句話的興趣也沒有，那滋味很不好受。

還有一點可能是你們未曾想到的，那就是什麼事都不做會帶來另一種更大的痛苦——無聊、空虛，甚至整個心理機能遭到破壞。

所以，偶爾說說氣話可以，可別當真，也別總往這方面想，那會使你的壓力有增無減。

■ 突破心法

工作是繁重的，也是枯燥的，但人一旦步入成年，只要能走能動，只要不呆不癡不傻，就要工作，這是基本事實。不要迴避，也無可迴避！但其實工作未必沒有一點樂趣。我們要努力去挖掘工作中的積極面，尋找工作中的樂趣，體驗其中的快感。

重點是，工作中的樂趣要到哪找？

(1) 試圖創造性地進行工作

人本主義心理學的領軍人物馬斯洛認為人類最高層次的需要就是自我實現的需要。自我實現就是成為自己理想的人，把自己的潛能變成現實的需求。自我實現時，人會產生神秘的「高峰體驗」。

在那個時刻裡，人會有返歸自然的歡樂情緒。自我實現不管是作為本性的實現，或作為個人天賦的表現都是人與自然的合一。

因此，自我實現者能更多地體驗到高峰時刻的出現。那可能會是音樂家的一次成功譜曲和演出；可能是工匠精湛手藝的完成；可能是某一哲學或科學真理的發現；可能是家庭生活的和諧感受；可能是一次陶醉的文藝欣賞；也可能是對自然景色的迷戀。

高峰體驗可以是極度的歡樂，也可以是寧靜而平和的喜悅。由此觀之，馬斯洛所說的自我實現及其高峰體驗，無不與創造性活動有著或多或少的聯繫。如果我們以創造性的態度去對待工作，在工作過程與結果中取得創造性的成就，不也就享受到這種由工作而帶來的自我實現的快感了嗎？

一個教師改變了一個學生；一個醫生挽救了一位生命垂危的病人；一個時裝設計師設計出一套流行的時裝；一位運動員走上了頒獎臺；一位母親看到她那漸漸長大的孩子……，凡此種種，潛能得以張揚，價值得以體現，那種歡欣、樂趣、快樂，是任

何外部獎賞都不能替代的。

(2) 從工作結果的社會意義中品味自我價值

當人們體驗到自身行為的社會價值時，其愉悅之情無可替代。慈善家並非全然是在施捨，過程中他們也得到了一種滿足感。

當我們意識到工作的社會意義時，會油然而生一種自尊感、崇高感，會因自身對社會作出了貢獻而自豪、而驕傲。

Ψ 延伸閱讀 Ψ

＜這裡沒有工作＞

在古老的歐洲，有一個人在他死後，發現自己來到一個美妙的地方。他剛踏進那片樂土，就有個侍者模樣的人走過來問他：「先生，您有什麼需要嗎？在這裡您可以擁有一切您想要的，所有的美味佳餚，所有可能的娛樂消遣，都可以讓您盡情享用。」

這個人聽了以後，雖感到驚奇，但很快就接受一切了。他開始整天品嘗佳餚美食，同時盡享美色。直到有一天，他對這一切感到索然乏味了，於是他對侍者說：「我對這一切感到很厭煩，我需要做一些事情。你可以給我找一份工作做嗎？」

沒想到得到的回答是：「很抱歉，這裡沒有工作可以給您。」

這個人非常沮喪，憤怒地揮動著手說：「這真是太糟糕了，那我乾脆就留在地獄好了。」

「您以為，您以為您在什麼地方呢？」那位侍者溫和地說。

＜工作是一種態度＞

工作是一種態度，它決定了我們快樂與否。同樣都是石匠，同樣在雕塑石像，如果你問他們：「你在這裡做什麼？」其中一人可能會說：「你看到了嗎，我正在鑿石頭，鑿完這個我就可以回家了。」這種人永遠視工作為懲罰，在他嘴裡最常吐出的一個

字就是「累」。

另一個人可能會說：「你看到了嗎，我正在做雕像。這是一份很辛苦的工作，但是酬勞很高。畢竟我有太太和四個孩子，他們需要溫飽。」這種人永遠視工作為負擔，在他嘴裡經常吐出的一句話是「養家糊口」。

第三個人可能會放下錘子，驕傲地指著石雕說：「你看到了嗎，我正在做一件藝術品。」這種人永遠以工作為榮、工作為樂，在他嘴裡最常吐出的一句話是「這個工作很有意義」。

天堂與地獄都由自己建造。如果你賦予工作意義，不論工作大小，你都會感到快樂，自我設定的成績不論高低，都會使人對工作產生樂趣。

如果你不喜歡做，任何簡單的事都會變得困難、無趣，當你喊著「累」時，即使不賣力氣也會感到精疲力竭，反之大不相同。

為什麼升職的不是我

■ 真實案例

Q女士是某國營事業的員工，今年要選副處長，Q女士想著一定非自己莫屬，因為自己學歷達標了，工齡也有10多年，是所在部門的「元老」，且平時工作兢兢業業，業績方面雖沒太突出，卻也沒有過失。

但萬萬沒想到，副處的提名竟然是另一個同事，Q女士無法接受這樣的事實。她實在想不通，被升職的同事論學歷、資歷都不如自己，為什麼會升他呢？

思來想去覺得可能是因為在上次會議中，和新上任的上司有過一次小爭執，肯定是上司懷恨在心，故意排擠自己。

Q女士想著自己今年已經36歲，本來能得到升遷的機會就很少，再加上遇到這樣的上司以後肯定再沒有機會提升，心情十分鬱悶，做什麼事情都打不起精神，對工作也是應付了事。後來每天都覺得上班是一種折磨，甚至想乾脆回家做家庭主婦好了。

■ 深度分析

「不想當元帥的士兵不是好士兵。」Q女士想升職的訴求無可厚非，升職不成會鬱悶、沮喪的心情也可以理解，這都是正常的壓力反應。但我們所關心的是Q女士如何解決當下的問題。

先來討論事件本身：「為什麼升職的不是我？」可能的原因有：
1. 上司認為有比你更適合的人擔任這一職務。
2. 你的能力不夠，上司認為你還需要磨礪。
3. 上司認為你更適合另外一個位置，但那個位置一時沒有空缺。
4. 官場、職場黑幕，上司打擊報復。

按文中所述，Q女士堅信她沒有升職的原因是遭受上司報復。

我們不排除有這種可能性，但只是可能性之一，不是全部。不幸的是，人們常常偏好這個答案。原因是這樣就可以把所有的過錯、過失推給別人，自己反而能獲得某種意義上的心理平衡。

在確認是上司打擊報復前，還是先在自己身上找原因吧。如果這一判斷是在證據缺乏或不充分時所做出，就屬於任意推斷（認知歪曲的一種）。任意推斷的無限延伸會導致一系列錯誤的結論，很有可能把生活搞得一團糟。

再來看 Q 女士的反應。

1. 消沉，對工作應付了事，自然也就做不出什麼業績。在上司看來，不提拔她是一個英明決策，事實證明了這一點。上司可能沒有意識到這是怨氣所致，而是認為她本來就沒有發展前途，以後的機會也就輪不著她了。

2. 心情不好。心情不好時最容易破壞人際關係。誰都知道，職場人際關係不良，工作沒法幹，路會越走越窄。這種反應的另一個後果人盡皆知，就是有損自己的身心健康。

■ 突破心法

(1) 跟上司作一次坦誠的溝通

與其各種猜測不如開誠佈公和上司討論自己未被升職的原因。也許，上司並不一定以實情相告，但或多或少會透露出一些有價值的資訊。

(2) 向上司表白

雖然沒有升職，但不會影響工作，讓上司對你感到虧欠。切忌吵鬧，那樣上司僅有的一點內疚感也會蕩然無存。

(3) 時時提醒自己，注意心態，注意言行

向劉備學習喜怒哀樂不形於色。反省自己在工作上的行為，別人能升職肯定有其特定長處，檢查自己沒有做到位的地方。如果真的屬於上司打擊報復，可以考慮轉換環境。

Ψ 延伸閱讀 Ψ

＜買馬鈴薯的故事＞

在美國的佛倫薩州有兩個年輕人：哈里跟約翰。他們同時進入一家蔬菜貿易公司。三個月後，哈里到總經理的辦公室抱怨說：「約翰職位已升到部門主管。而我，從來沒有遲到、早退，上司交代的任務也按時完成，可是我的薪水跟職位依然沒變。」

總經理意味深長地對他說：「這樣吧，公司現在打算預訂一批馬鈴薯，你先去看一下哪裡有賣的，回來我再回答你的問題。」

半小時後，哈里急匆匆地來到總經理辦公室，向總經理彙報：「二十公里外的集農蔬菜批發中心有馬鈴薯賣。」總經理問：「一共有幾家賣馬鈴薯的？」哈里撓了撓頭說：「我剛才只是看到有賣的，沒留意有幾家，你等一下，我再去看一下。」說完又跑出去。

二十分鐘後，哈里喘著氣跑回總經理辦公室彙報，「報告總經理！一共有三家賣馬鈴薯的。」總經理問：「馬鈴薯的價錢是多少？三家的價格都一樣嗎？」哈里愣住了，說：「你再等一會，我去問一下。」總經理叫住他：「不用了，你幫我把約翰叫來吧。」

三分鐘後，約翰進辦公室，總經理說：「公司現在打算預訂一批馬鈴薯，你去看一下哪裡有賣的？」

四十分鐘後，約翰回來向總經理彙報：「在二十公里外的集農蔬菜批發中心有三家賣馬鈴薯的，其中兩家是 0.9 美元一斤，但一個老頭的只賣 0.8 美元一斤。我看了一下他們的馬鈴薯，發現老頭的最便宜，而且品質最好，因為他是自己農場種植的。如果我們需求量大，價格還可以優惠，並且他有貨車，可以免費送貨。我已經把他帶回來，就在大門外等，要讓他進來談一下嗎？」

總經理說：「暫時不用了，你讓他先回去吧。」約翰就出去了。

這時，總經理才對目瞪口呆的哈里問：「你都看到了吧！如果你是總經理，你會給誰加薪晉職呢？」哈里慚愧地低下了頭。

期望過高導致失落

真實案例

小 Y 在一家規模不是很大的公司上班，畢業兩年的她做著與大學專業完全不相同的行業，一開始她信心滿滿，「我一定會做好這份工作！」信誓旦旦的對自己說。

光陰荏苒，兩年後她依然在公司最底層默默工作著，升職沒有進展，業績平平，老闆也不給她好臉色。看著和她同時進公司的同事們已經風生水起，她不免開始懷疑自己當時的選擇，「我真的喜歡這份工作嗎？這份工作真的適合我嗎？」在無盡的失落與彷徨中，小 Y 逐漸喪失了對工作的熱情，日復一日應付著上司交給的差事，再也看不到她的笑容。

小 Y 猶如怨婦一般，逢人就抱怨自己工作如何無趣，同事如何矯情，老闆如何討厭。這樣的狀態持續沒多久，她便開始對生活中的一切事物都感到不滿，變得敏感、多疑、沒有安全感。哪怕同事一句無心的玩笑話她也覺得是在含沙射影的諷刺、挖苦自己，甚至無時無刻都會覺得背後有人在說她的壞話，隨時讓她出醜、難堪。

久而久之，小 Y 的這種狀態讓身邊的同事和朋友覺得很難受，大家開始刻意地遠離、排斥她，她變得愈加孤獨、無助了。雖然她也很想改變自己，卻又不知道該從何做起。

深度分析

什麼是成功？怎樣才算有錢？幸福到底是怎樣的狀態？

所有這類問題都沒有標準答案，它取決於你心中的那桿秤，換言之，你的期望值是多高？你的期望值的現實性與可行性有多大？

許多人的壓力並非來自現實世界，是來自心中的「期望落差」。

小 Y 在初入行時對自己期望值過高，對自我能力估計不夠，因

此兩年內工作上並沒有很大提高，業績平平使得她更加失望。在沒有達到自己的期望值的同時，又有急於求成的心態，覺得自己應該被提拔重用，因此壓力與日俱增，使其心理變得異常敏感和脆弱，一步步造成心理困境。

工作才兩年就想升職，這現實嗎？不知今天的年輕人是否知道，過去各個行業學徒的標準是三年，三年方可滿師，也就是說當個正式員工使用。才兩年，最底層的工作你不做誰做？升職又怎會輪到你？

現在有句流行語：「你以為你是誰呀？」你是大學畢業怎麼了？你是研究生畢業又怎麼了？老實說，在企業裡，誰能為公司賺錢才是硬道理。想升職之前，有沒有先問過自己，我的專業技能到了什麼程度？我為公司做出了什麼樣的貢獻？總之，你的期望要與你的能力、你的貢獻匹配起來，才是一個正確的期望值！否則，必會形成期望落差，並給自己帶來眾多偽壓力。

不是也有與我同時進公司的人幹得風生水起嗎？小 Y 可能會不解地問。是的，任何一個人都可以在自己應歸屬的層面上做得風生水起。他做了他該做的事，他做好了他該做的事，就會得到上司的青睞。

雖然他沒有升職，但卻有可能進入了上司提拔的視野，而他又認為這已經是目前所能達到的最佳狀態，也就是說，滿足了他的期望值。於是，他就進入良性循環。

反觀小 Y，因為自己的期望值過高，引發了期望落差。這種落差勢必扭曲了她的心態，於是就出現了文中所描述的狀況。她看別人不順眼，別人看她會順眼嗎？當然不會！人際關係一出問題，她的壓力當然越來越重，生存狀態越來越差。就進入了惡性循環。

著名歷史學家範文瀾曾給他的學生寫過一副對聯：「板凳要坐十年冷，文章不寫一句空。」剛入行的人，少不了坐冷板凳的過程。你得理解這一點，接受現實。

▬▬ 突破心法

　　無論順境還是逆境，總會有令人緊張、感到壓力的時刻降臨，尤其是那些事業剛剛起步的年輕人。但壓力取決於我們自己的心態。心靈的房間，不打掃就會落滿灰塵，落滿灰塵的心，會變得灰暗和迷茫。我們每天都要經歷很多事情，開心的、不開心的，都在心裡安家落戶。

　　有些痛苦的情緒和不愉快的記憶，如果充斥在心裡，就會使人萎靡不振。所以，掃地除塵，能使黯然的心變得亮堂；把事情理清楚，才能告別煩亂；把一些無謂的痛苦扔掉，快樂就有了更多更大的空間。只有適時減壓，才能保持良好的心境。

　　正確地評價自己也是非常重要的。我們要永遠保持一顆平常心，不要與自己過不去，把目標定得高不可攀，凡事需量力而行，隨時調整目標，未必是弱者的行為。

　　另外，面對壓力也要有心理準備，要充分認識現代社會的高效率必然帶來高競爭性和高挑戰性，對於由此產生的負面影響要有心理準備，同時心態要保持正常、樂觀豁達，不為逆境而心事重重。

　　更重要的是，與其抱怨不如努力。所有的失敗都是為成功做準備。抱怨和洩氣，只能阻礙成功向自己走來的步伐。放下抱怨，心平氣和地接受失敗，無疑是智者的姿態。

　　抱怨無法改變現狀，拼搏才能帶來希望。真的金子，只要自己不把自己埋沒，只要一心想著發光，就總有發光的那一天。縱觀古今中外，很多人生的奇蹟，都是那些最初拿一手壞牌的人創造的。不要總是煩惱生活、總以為生活辜負了你，其實，你跟別人擁有的一樣多。

Ψ 延伸閱讀 Ψ

<博士貓與學士雞的故事>

一隻博士貓被分到一個動物研究所上班，是所裡學歷最高者。

有一天周日，閒著沒事，博士貓到單位的池塘裡去釣魚，恰巧一正一副兩個雞所長也在釣魚。

博士貓向他們點了點頭，心想，這兩個學士，有什麼共同語言呢？不一會兒，正雞所長放下釣竿，伸伸懶腰，蹭蹭蹭從水面上如飛地走到對面上廁所。

博士貓眼睛瞪得都快掉下來了。水上漂？不會吧？這可是一個池塘啊。雞也會在水上走？

正雞所長上完廁所回來的時候，同樣也是從水上漂回來。

怎麼回事？博士貓又不好去問，自己是博士生哪！

過一陣，副雞所長也站起來，走幾步，蹭蹭蹭地飄過水面上廁所。這下子博士貓更是差點兒昏倒：不會吧，到了一個江湖高手集中的地方？

博士貓也內急了。這個池塘兩邊有圍牆，要到對面廁所非得繞十分鐘的路，而回單位上又太遠，怎麼辦？

博士貓也不願意去問兩位所長，憋了半天後，也起身往水裡跨：我就不信學士能過的水面，我博士生不能過。

只聽咚的一聲，博士貓栽到了水裡。

兩位所長將他拉了出來，問他為什麼要下水。他問：「為什麼你們可以走過去呢？」

兩所長相視一笑：「這池塘裡有兩排木樁子，由於這兩天下雨漲潮正好在水面下。我們都知道這木樁的位置，所以可以踩著樁子過去。你怎麼不問一聲呢？」

做選擇好難

▰ 真實案例

　　朋友 Jay 最近相當煩躁，背後原因卻是一個難得的機會：公司打算派他到美國總部，拿工作簽證，兩三年後就有可能拿到綠卡。

　　Jay 在一家跨國服裝品牌大廠公司做產品，拿現在時尚圈很流行的詞來講，他的工作就是「買手」。每年公司的服裝都會出成千上萬的新款，他負責從中挑選出若干適合於中國市場的貨品。現在，每年他至少要出差去總部十來次，而且已經到可以坐商務艙的級別。

　　在大部分人看來，Jay 的工作讓人稱羨。在公司裡他的職位很關鍵，做的事情夠時髦，而且還很實惠：他本人是這家品牌的狂熱粉絲，當年就是靠在圈子裡的名聲而被公司招至產品部，現在樣品間裡過了季的衣服鞋子都可以隨便拿來穿，至於收入，年薪差不多有 20 萬元。

　　不過，他煩躁的原因也正在此：到美國總部，公司負責提供住處和車，但薪水每個月只有 3,000 美元。在公司看來，派你去總部是對你能力的認可，也意味著提拔的可能性。但 Jay 自己看來，3,000 美元的收入比他在上海多不了多少，去總部他所能掌管的事情肯定比上海少。而且離開上海本身是巨大的冒險，誰知道兩三年裡在上海會有什麼樣的機會，以及上海的房價會漲成什麼樣。

　　更何況，Jay 今年年初才結婚。如果去美國工作，要麼和新婚妻子白天黑夜相隔，要麼妻子得放棄一份穩定的工作收入跟他一起去美國，一切從頭開始。

▰ 深度分析

　　人是一個矛盾體，容易陷於動機衝突之中。我們的許多煩惱、壓力就是來源於這種動機衝突，常常難以做出抉擇。Jay 正是如此。

　　動機衝突有四種形態：

(1) 雙趨衝突

當有兩個目標或者情境，我們同時都想接近，但事實上不可能同時得到；接近其中的一個目標或情境，就將失去另一個目標或情境。正如孟子所言：「魚，吾所欲也，熊掌，亦吾所欲也，二者不可得兼⋯⋯。」、「生，吾所欲也，義，亦吾所欲也，二者不可得兼⋯⋯。」

生活中，有大量這樣的情境：既想收入豐厚，又想悠閒清靜；既想鄉村的寧靜，又想城市的繁華⋯⋯。

(2) 雙避衝突

有兩個目標或者情境，我們同時都想迴避，但事實上不可能同時做到，我們必須接近其中的一個目標或情境。

例如，在職場中，作為推銷員，既不想業績在他人之後，又不想多多接觸客戶，因為那不免要看人臉色；作為主管，既不想負起應負的責任，又不想丟掉自己的權力與待遇⋯⋯。當然，這是不現實的。

(3) 趨避衝突

在同一個物件或情境中，我們想要其中的一部分，不想要其中的另一部分。但這個物件與情境是作為一個整體而存在，正如一張紙的正反兩面。

想要就得一起要；想不要就得一起不要。《巴黎聖母院》中的卡西摩多的心靈極美，外貌極醜。你要他美好的心靈，就得接受他醜陋的外貌；你不想接受他醜陋的外貌，也就得不到他美好的心靈。這就是艾斯米娜塔面臨的兩難選擇。

Jay 遇到的也是這種情況，去美國一方面意味著得到上司的賞識，另一方面也得接受今後發展的潛在風險，考慮妻子的去向問題。

(4) 多重趨避衝突

生活中，我們常常面對兩個或兩個以上的目標，而每個目標都具

有吸引力和排斥力，這時就不能簡單地接近一個目標而迴避另一個目標，必須進行多重選擇。比如，學生在擇業時，可供選擇的機會各有利弊，需要慎重考慮。

以上就是人類在選擇時常面臨的幾種衝突，陷於這樣的衝突並不可怕，可怕的是長期陷於這種衝突而不能自拔。我們必須走出動機衝突，否則內心將得不到安寧，我們的事業也將大受影響。

突破心法

如何走出動機衝突？

(1) 恪守一個信條：世上不可能好事都歸你，壞事都歸別人。相反地，老天也是公平的，好事不可能都歸別人，壞事都歸你。況且世上沒有絕對的好事、絕對的壞事。好事中有壞事，壞事中有好事。關鍵是你怎麼看待一件事情。

(2) 多些積極的心理，沒準你正煩惱的事情，別人還羨慕不來！

相同的環境，不同員工的感受會完全不同。就像之前看到的一個故事，小王和小章都是軟體發展人員，由於公司成立了新的開發組，開發經理準備把他們調入新的組裡。開發經理把這個想法告訴他們，但反應卻完全不同。

小王認為，「開發經理之所以這麼做，是因為比較看重自己，說明自己的工作比較出色，在新的開發組中，要學習很多新的技術，這是一次難得的學習機會。另外，在新的組裡，自己的發展空間會大一些。」而小章卻覺得，開發經理是想將他從現在的組裡排斥掉，難道是自己的工作不盡如人意？

兩人截然相反的態度，為他們帶來的壓力也不同。小王會在今後的工作中更加努力，轉換壓力為動力，很可能取得更大的成績。而小章如果繼續消沉不能自拔，工作可能會不盡如人意。

(3) 根據自己的價值觀給事物或情境中好的因素與壞的因素進行權重。只要自己認為利大於弊，就能幹。別老想有利無弊。

孟子雖然魚和熊掌都想要，在不能同時得到時，選擇了「舍魚而取熊掌也。」生與義他都想得到，在不能兼顧之時，他選擇了「捨身而取義也」。這是根據他的價值觀做出的抉擇。

就拿找老婆來說吧，如果你覺得女子無才便是德，長得漂亮最重要。那你就去找漂亮女人，對她的學識就別太講究了。如果你認為有文化、有修養最重要，那就去找才女，但別太多考慮她的長相。

也許有人會說，我就是要找個又漂亮、又有文化、又賢慧的老婆。但這種人也許某方面又有不足。就算真有這麼十全十美的人，她可能也不會選擇你。

相同的道理在工作中也是如此。如果你選擇做學問，你也就選擇了寂寞，否則你就做不出真學問、好學問；如果你選擇當上司，你也就選擇了煩惱。因為官越大，煩惱也越多。

可以斷言，走出動機衝突，你會感到渾身輕鬆。當然，也許在不久的將來，你又會遇到新的動機衝突。生活就是在解決一個又一個的困難和衝突中度過的。在這個過程中才能體會到人生五味，不斷成長。

Ψ 延伸閱讀 Ψ

＜難以想像的抉擇＞

　　巴尼‧羅伯格是美國緬因州的一個伐木工人。一天早晨，巴尼像平時一樣駕著吉普車去森林幹活。由於下過一場暴雨，路上到處坑坑窪窪，好不容易才把車開到路的盡頭。他走下車，拿了斧子和電鋸，朝著林子深處又走了大約兩英里路。

　　巴尼打量了一下周圍的樹木，決定把一棵直徑超過兩英尺的松樹鋸倒。出人意料的是：松樹倒下時，上端猛地撞在附近的一棵大樹上，一下子松樹彎成一張弓，旋即又反彈回來，重重地壓的巴尼的右腿上。

　　劇烈的疼痛使巴尼只覺得眼前一片漆黑。但他知道，自己首先要做的事是保持清醒。他試圖把腿抽回來，可是辦不到。腿給壓得死死的，一點兒也動彈不得。巴尼很清楚，要是等到同伴們下工後發現他不見了再來找他的話，很可能會因流血過多而死去。此刻他只能靠自己。

　　巴尼拿起手邊的斧子，狠命朝樹身砍去。可是，由於用力過猛，砍了三四下後，斧子柄便斷了。巴尼覺得自己真的什麼都完了。他喘了口氣，朝四周望。還好，電鋸就在不遠處躺著。他用手裡的斷斧柄，一點一點地撥動著電鋸，把它移到自己手夠得著的地方，然後拿起電鋸開始鋸樹。

　　但他發現，由於倒下的松樹呈 45 度角，巨大的壓力隨時會把鋸條卡住，如果電鋸出了故障，那麼他只能束手待斃了。左思右想，巴尼終於認定，只有唯一一條路可走了。他狠了狠心，拿起電鋸，對準自己的右腿，進行截肢……。

　　巴尼把斷腿簡單包紮了一下，他決定爬回去。一路上巴尼忍著劇痛，一寸一寸爬著；他一次次地昏迷過去，又一次次地甦醒過來，心中只有一個念頭：一定要活下去！

身陷沼澤的「拖拉機」

■ 真實案例

財務部的大偉被通知需要在半個月內提交一份公司的季度財務結算報表。拖了數天後，大偉決定在週末完成這份報告。

周日午飯過後，他無精打采地走向電腦，準備開始工作，剛想要寫東西，卻退縮了，下面就是隨後發生的一系列事情。

當大偉坐下，準備寫報告時，他想起家裡的馬桶壞了很久，得去馬上修好它。大偉走向衛生間，打開了工具箱。他想，等他修好之後就去把報告搞定。這個想法讓他覺得寬慰了許多。他把注意力集中在修理馬桶上，並把內心的提醒拋諸腦後。

修好馬桶後，大偉接到一個電話，是許久未聯繫的老友，他們閒聊了起來。一會兒之後，大偉掛了電話去做飯。

吃完晚餐後，他去小睡了一下。他對自己說：「我稍後就開始，等我有精神了就開始。」

從「小睡」中醒來，大偉意識到，看晚間新聞的時間到了。他告訴自己：看完新聞以後，就是熬到深夜也要把報告做完。

新聞結束了，大偉回到電腦前。可是，他的手指好像不聽使喚似的點開了「接龍」，他隨即又沉溺在遊戲當中。當他再次意識到時間時，發現已經是深夜了。他想：「現在開始太晚了。我還是明天早點兒起來做吧。」這個決定讓他感覺好些了。

早上 7 點，他的鬧鐘響了。大偉匆匆忙忙地為上班做準備，根本沒有時間寫報告了。到辦公室以後，他決定先把眼前要忙的事情處理掉。等他打完電話回完郵件以後，午飯時間到了。

大偉沒吃午飯，趕快寫報告跟下午 4 點的截止時間賽跑，但他已經沒有時間了。疲憊不堪的他，以「情況比想像得複雜」為由，向老

闆請求推遲期限。老闆同意多給他一天時間。

他排除掉其他所有事情，完成了報告。事後大偉很自責，他覺得如果早點開始的話，一定可以做得更好。他暗暗發誓：「下次我一定早點開始。」

但下一次要繳交報告的時候到來時，他的拖延模式一如往昔。

深度分析

中國青年報社會調查中心進行的一項調查發現，72.8% 的人坦言自己患上了「拖延症」。有專家推算，全球可能有近 10 億人患有拖延症。你是不是也是其中一員呢？

我們來分析一下大偉的拖延症。

在拖延之前，他很可能已經體驗到了某些不快情緒，這些不快情緒與開始這項任務相關。這些任務在他看來或者錯綜複雜，或者遲遲不能給他回報，或者讓他覺得沮喪、不快甚至如臨大敵。

他可能認為，某些任務必須在某種情緒中才能做，只有精神振奮了才能開始行動。他想要避開這種緊張，換到一條阻力最小的路上。他想用一個讓他更加安適的行為來轉移情緒，來代替那些讓他覺得不快的事情。

當這些負性情緒在他心底竊竊私語的時候，拖延就成了再自然不過的一種反應。當一個人拖延的時候，十有八九是在用一些壓力小或不太重要的事，來代替被拖延的那件事。

他也可能在做一些壓力小卻更重要的事。但是，多數時候他橫生枝節，卻只是做著那些無足輕重的「雞肋」事務。比如，寧肯去讀報紙上的連環漫畫，也不去仔細研究複雜的政府新規章，雖然那些規章可能會極大地影響你的經營策略。

然而，不管你怎樣處心積慮、刻意逃避，被拖延的任務通常並不會消失不見，令人不快的感覺往往還會糾纏不休。

■ 突破心法

「能繞過去的困難絕不迎頭上，實在繞不過去的困難硬著頭皮也得上。」面對不喜歡卻必須要做的工作任務時，最好用理智引導自己，強行跨越情緒的障礙，踏上富有成效的道路。

透過觀察和記錄日常的行為，總結出行為的規律，看清楚拖延行為是怎麼運作的，以及透過內心對話，與錯誤的思維積極辯論從而改變拖延的思維。

將一個完整的工作分解成一個個小部分的工作。每完成一小部分工作，給自己一些鼓勵。如做幾個深呼吸、喝杯水、走動一下，或者安靜坐在椅子上，閉目養神，強化自己的成功感情緒體驗。

建立起你的忍耐力和持久性，使你即使面對不適的環境，也能堅定地沿著原路前行。確定你的方向，落實在行動上，善始善終，運用你的知識，透過你的工作和成就取得成功。

雖然說：「人無遠慮，必有近憂」。但今天畢竟是最現實的。今天先把今天的事做好，而不要沉溺於對明天或將來的焦慮與擔憂之中是非常重要的。對明天或將來最有益的準備是集中精力、智力、體力、熱情做好今天該做的每一件事。

在今天對明天、後天有著深謀遠慮是可取的，是智者之舉，但若以放棄今天的享受、放棄今天的努力、拖延今天的工作為代價，那肯定是錯誤的。

總是活在昨天的人可悲；總是幻想著明天的人可憐。

踏踏實實過好今天，做好今天該做的每一件事，是最現實的、最佳的選擇。對明天的事，我們可以考慮，可以謀劃，但不必去擔憂。曾國藩曾在桌上放了一塊牌子，上面寫道：「今日事，今日畢。」把今天的事拖到明天，本身就是一種壓力源。

Ψ 延伸閱讀 Ψ

＜明日歌＞（清）錢鶴灘

明日復明日，明日何其多？

我生待明日，萬事成蹉跎。

世人若被明日累，春去秋來老將至。

朝看水東流，暮看日西墜。

百年明日能幾何？請君聽我明日歌。

＜寒號鳥的故事＞

在古老的原始森林，陽光明媚，鳥兒歡快地歌唱，辛勤的勞動。其中有一隻寒號鳥，有著一身漂亮的羽毛和嘹亮的歌喉。牠到處賣弄自己的羽毛和嗓子，看到別人辛勤勞動，反而嘲笑不已，好心的鳥兒提醒牠說：「快築個窩吧！不然冬天來了怎麼過呢。」

寒號鳥輕蔑地回說：「冬天還早呢，著什麼急！趁著今天大好時光，盡情地玩吧！」

就這樣，日復一日，冬天眨眼就到了。鳥兒們晚上躲在自己暖和的窩裡安樂的休息，而寒號鳥卻在寒風裡，凍得發抖，用美麗的歌喉悔恨，哀叫未來：「哆囉囉，寒風凍死我，明天就築窩。」

第二天，太陽出來了，萬物甦醒了。沐浴在陽光中，寒號鳥好不得意，完全忘記了昨天的痛苦，又快樂地歌唱起來。

鳥兒勸它，「快築個窩吧，不然晚上又要發抖了。」

寒號鳥嘲笑地說：「不會享受的傢伙。」

晚上又來臨了，寒號鳥又重複著昨天晚上一樣的經歷。就這樣重複了幾個晚上，有一天晚上，突然大雪降臨。天亮後，鳥兒們奇怪寒號鳥怎麼不唱歌了？找了很久才發現寒號鳥已被凍死了。

加薪水的事沒了

■ 真實案例

昨天被部門經理找去談話——我苦盼半年之久的小範圍調薪，報至高層後卻被無情地判了死刑，他們給的解釋是 CPI 不斷上漲，導致公司運營成本節節攀升，還說調薪之事要到年底再說了。

上午，財務部照例送來每月的薪資函。現在，將它拿在手上，目光掃過去，最後還是停留在「本月實發：44,999 元」上。唉，這個數字已經維持了一年不變，想想年底調薪或許還會出現變數，索性把薪資函一下子扔回桌上，頹然跌在座位上。

按理說，每月薪水應該也不算太少，是大多數人羨慕的對象。可實際情況是如果我不精打細算，每個月都存在出現「赤字」的危險。

與很多同齡人相似，我每月最大的一筆開支是花費在房子上。去年這個時候，我傾盡前些年的全部積蓄，加上父母贊助的 10 萬元，在鄰近郊區的地段買了一間 25 坪的兩房一廳，成為可憐的「房奴」。每個月必須償還銀行房貸將近 16,000 元。但由於買的是預售屋，到明年秋後才能拿到鑰匙，現在是與人合租，每個月至少也得掏出 10,000 元。

生活中的第二大開銷，當數談情說愛了。與女朋友相處半年，兩人感情發展很好，自然就希望能夠多見面。按每週見面兩次、每次平均開支 1,200 元計算，每個月需要花去 10,000 元左右。

扣除以上兩項大開支，我每月的 45,000 元薪水，也剩不到 10,000 元了。而這不到 10,000 元，卻要支撐我的伙食、交通、網路等各項開支。

■ 深度分析

一條「新白領十項標準」的微博備受關注，內容為：①月薪 5 萬元以上。②堅持健身和運動。③至少有兩居室。④有 15 萬元左右的代步車。⑤有固定的朋友圈子。⑥工作不侷限於在辦公室完成，工作遠端化是未來趨勢。⑦工作朝九晚五，有足夠的閒暇時間。⑧有獨特的娛樂方式。⑨重視低碳生活。⑩有鍾愛的時尚品牌。

這條微博被轉載 2 萬多次，評論 3,000 多條，多數網友對照自身情況後在評論中自嘲不僅「未達標」，反而相去甚遠。這些既沒有充分的科學依據，也不是什麼權威結論，只不過是網友的「杜撰」，大可不必太當真。但是，從新標準的誕生到迅速傳播開來，其實是反應了當下都市職場人一種焦灼的生活狀況和心態。

你是一位年輕的白領嗎？你是否面對薪水不夠花的問題？我想大部分人都會說「YES」。「白領」，對有些人而言也是一種調侃：每個月薪水發下來，幾乎一分不剩都要花光，就是不折不扣的「白領」。

就像上文中的白領一樣，他算的賬一目了然，每項都是必需的，其中最重要的開支就是房子，可是房子能少嗎？你想在一座城市擁有自己的「家」嗎？如果回答「是」，那你就必須面對這個問題。所有的問題都一樣，當你不想面對它時，如果可以逃避，你可以選擇不面對；但是，不能逃避時，你就必須面對。不談滿心歡喜的接收，但至少要設法去解決它。

年輕的白領，可能比較看重收入，所以不斷跳槽以獲得更高的薪水，解決燃眉之急。怎麼做都沒有對錯，但需要有所選擇。也許現在辭職收入可以翻倍，但如果沒有職業規劃，沒有積澱和提升，收入遇到瓶頸後就無法再往上走，只會走下坡路了。

高薪是每個白領追求的目標，身在職場，誰不希望自己的工作有一份令別人羨慕、令自己充裕的高額薪水？但電視劇《劉老根》中有一句耐人尋味的台詞，說是「高官不如高薪，高薪不如高壽，高壽

不如高興。」可見**高興才是人生的最高境界**。

有沒有既高薪又高興的職業呢？沒有，天下沒有免費的午餐，任何一位老闆都不會把一份輕鬆快樂收入又高的工作無端地奉送給你。高薪是有代價的，經常加班、沒有休息日、無休止的應酬、與自己不喜歡的人打交道、難以排遣的壓力、健康受損、衰老加速……。面對高薪下的高責任、高壓力，我們要做的不是埋怨和迴避，而是如何調節高薪高壓下不高興的心態。

要知道，你能做「房奴」還是可以的，有很多人連房奴都做不起、不敢做。我們或許會抱怨這個社會，房價太高，中國人不僅活著的時候住不起房，甚至死了連一塊墓地都買不起。

夫妻雙方結婚，往往需要掏空兩個家庭，甚至還不夠。想想覺得悲哀，父母辛苦到五六十歲，就為了兒子娶個媳婦。這時候，你讓一個人說出社會對他的不公，他能巴拉巴拉的說一大堆。從房價說到自己英雄無用武之地等。

這種人相當普遍，個人有多大能耐，自己也說不清，社會需要什麼樣的人，心裡更不清楚，總覺得自己是社會的「棄兒」。就像懸在半空中的「風箏」，你讓他飛高些，他也上不去，讓他回到地上踏踏實實地做人，又不甘心。

人要知足常樂，魚和熊掌不可兼得。或者你可以有所規劃，在最初前十年還是二十年，修煉自己的能力，改變自己適應社會，水到渠成時，魚和熊掌都會自動跑到你的手心。在滿足之餘，應該去思索自己還能不能做得更好？這時候，你就要適當改變自己，以適應這個不斷變化發展的社會。

擺不正個人與社會的關係，只圖社會遷就自己，而不肯改造自我，那就只能永遠活在怨天尤人中。滿足感不是讓你停滯不前，而是讓你在一種平和的心態下，尋求自我改變和進步，不至於心煩氣躁、急功近利。

■ 突破心法

(1) 學會記帳提升安全感

白領要想在收入和存款上找尋安全感，除了要開源之外，還要注意節流，尤其要學會理財之道。除了基金、股票、儲蓄等常規理財方式之外，更應學會記帳。

不少人覺得記帳記的都是雞毛蒜皮的小事，記不記都無所謂，其實，這種想法大錯特錯。在目前的消費模式下，記帳更有其必要性。現在進入刷卡社會，網購、團購、刷手機購物等消費方式琳琅滿目，堅持記錄規劃、合理配置這些理財資料，5 年、10 年之後，對一戶家庭的生活品質可能會造成重要的影響。

有對比調查顯示，善於記錄規劃生活收入開支的家庭，年終結餘會增加三分之一以上。開源和節流同樣重要，關鍵是要找到適合自己的理財之道。

(2) 學會比較

幾乎從小，我們就不斷被比較著，總是被指著說你還不如那誰誰誰，自己永遠是最差的。如果自己說那誰誰誰還沒我好呢，父母會立馬糾正你的觀點：「你怎麼不跟好的比」。

我們習慣於拿自己最壞的一面跟別人最好的比，就覺得自己什麼都沒有了。但其實家家都有一本難念的經，要多想想我們已經擁有的。比如上文中的主角，有女朋友、有一份不算太差的工作、有一套貸款的房子，也有著別人的羨慕。

當你感到薪水不夠，滿懷鬥志想奮鬥的時候，你就跟比你好的人比，當你覺得自己不知足的時候，請看看不如你的人。

(3) 積極開源

現代社會是一個開放的社會。本職工作之外，是否可利用自己的一技之長做點可能的兼職？也許你要說，這太累了！可天底下沒有不勞而獲的事呀！

如果兼職是不可能的，那就試圖在自己的本職工作上練就獨門絕技，大幅提升自己的市場價值。老闆心裡有數得很，他一定知道要出多少薪水才能留得住你的人，以及你的心。

Ψ 延伸閱讀 Ψ

〈知足常樂〉

人生原無病 / 不少因自作 / 想想病疾苦 / 無病即是福

想想饑寒苦 / 溫飽即是福 / 想想生活苦 / 達觀即是福

想想世亂苦 / 平安即是福 / 想想牢獄苦 / 安分即是福

本是長壽人 / 自使命短促 / 奉勸世間人 / 知足便常樂

羨慕人家生活好 / 還有人家比我孬 /

莫歎自己命運薄 / 還有他人比我惡

為非作歹內疚苦 / 多愁多慮病來磨 /

行善積德福澤多 / 吉人自有天相協

為人在世一生中 / 無病無災應知足 /

煩惱都因想不開 / 憂愁皆為看不破

人家騎馬我騎驢 / 仔細思量歎不如 /

回看還有推車漢 / 比上不足比下餘

〈滿足和改變〉

一個畢業後到處求職失敗的青年，在旅途中遇見一位智者。智者坐在大樹下，臉龐清瘦而神態安詳，衣衫襤褸但身體健康。

青年走到智者的面前，問：「您對現在的生活滿意嗎？」

「滿意。」智者回答。

「您是怎麼做到滿意的？」

「學會滿足。」

青年繼續問：「那您是一直對自己的生活都很滿意嗎？」

> 智者微微搖了搖頭說：「不是。」
>
> 青年緊接著問：「那感覺不滿意的時候，怎麼辦？」
>
> 「學會改變。」

那無邊無際的慾望

■ 真實案例

A 從小生活在不太富裕的家庭裡，父親是一名普通工人，母親由於身體不太好一直都沒有工作，但他們依然供他上好學校。

在學校裡不時有同學嘲笑他的家庭和貧窮，A 雖默不作聲，心裡卻暗暗發誓一定要出人頭地給父母爭口氣，給自己爭口氣。

考上大學後，A 在業餘時間出去打工，為自己賺生活費，積累工作經驗。畢業後，進了一個私營企業工作，他開始往自己的目標努力奮鬥，一步一步做起。工作一直都很辛苦，家裡父母雖然不催他賺錢養家什麼的，他自己卻感到壓力很大。

下班回家的路上總是很迷茫，不知道自己到底應該怎麼做，怎樣才能升職，才能走向成功。每當那個年紀比自己還小的經理開著跑車從他面前經過時，他都覺得憤憤不平，心裡更加憋屈。

皇天不負有心人，逐漸積攢了一定積蓄之後，A 便開始獨立創業，事業發展漸入佳境。隨著公司越做越大，如今的他已經有了很好的物質生活享受，父母也安定下來。然而，他仍不滿足，想要更多。

在某次偶然與國外一家公司的老闆交談中，A 萌生了要讓公司跨國化的想法。那一晚，他徹夜未眠。第二天就開始著手籌備，批文件、開會、簽合同，每天都忙得焦頭爛額，經常整夜不回家，飲食作息都不正常。父母擔心他，總是勸他別這麼拼命，現在的生活已經很好了，身體健康更重要，可他卻從不放在心上。

連在生活上 A 也不甘落後，換了別墅，買了名車，各種設施全都換成最新、最高檔的，生活越來越奢侈。當看到身邊的朋友流露出羨慕的眼神時，他的虛榮心和成就感得到了極大的滿足，他享受這種感覺，想要得到更多。

他拼命賺錢，因為只有更多的金錢才能維持他不斷升級的生活，但壓力也越來越大。每當公司遇到問題時，他的腦海裡都是被人嘲笑和諷刺的畫面，使他更加焦慮。

終於有一天，他在公司暈倒了。當他看到檢查結果上寫著胃癌晚期時，才第一次在心裡問自己：這光鮮的一切，都是為了什麼？

■ 深度分析

人性的弱點之一是**我們想要的太多太多**。這是一個到處充滿誘惑的世界，也是一個比拼「擁有」的時代。

於是，俗人們（世界上絕大多數人都是俗人，而大多數的「清高者」是因自身的不成功而故作清高）便湧現出無休無止、無邊無際的慾望。於是，人性的弱點就顯現出來了，那就是想要的太多。

人們想要名譽，也想要地位；人們想要金錢，也想要尊嚴。官階剛上一級，沒來得及高興幾天，眼睛又盯著更高的位置；沒賺到錢的時候，覺得自己蠻富裕的，一有了錢，反倒認為自己很貧窮。

高學歷者感到囊中羞澀；小老闆們怨恨自己雖有一些錢，但社會地位怎麼也上不去，社會上有些人花了我們的錢，卻還是瞧不起我們。因此，大家都在抱怨、都認為自己過得不怎麼樣，大罵世道不公、悲歎人心不古。

其實，社會資源雖然很豐富，但「弱水三千」，你只能「取一瓢飲」。你想占盡世間的所有好事嗎？你可以這麼想，沒人能阻止你，但事實是你不可能得到。如果說能得到什麼，那只能是沉重的壓力感與心力交瘁。

■ 突破心法

面對「想要的太多」，有兩種應對方案：

(1) 我們能不能放棄點什麼？

也就是說，只要對自己來說是最重要的那份，其他的能得到就得到，得不到也不必難受。

確實，讓人們放棄什麼是很困難的事，但生活的法則卻是：只有獲取沒有放棄是不可能的。常言道：「有得必有失，有失才有得」。可惜的是，懂得道理的人很多，能做到的人卻屈指可數。

所以我們要學會放棄，為得到而放棄。

想得到所能想到的一切，是人類的一種普遍心態。生活中，大部分人心裡都在想如何更多地「擁有」，如面子、金錢、地位、權力、信任、知識、經驗、能力、學歷、人際關係。一樣都不能少，通吃最好。

結果是想擁有的越多，心理包袱就越大、越重。其實，我們可以放棄一些，擁有的太多，不也累得慌嗎？更進一步說，不是我們一定要放棄，而是在得到的同時必然要有所放棄。「通吃」是一種美好的願望，不是客觀的現實。

如果你要見識世界，你就要背井離鄉；如果你想成為明星，你的私生活就再也別想得到保密；如果你想在科學界嶄露頭角，你就要放棄大量的娛樂活動甚至家庭生活時間；如果你想在公司得到升遷，你就得比別人做得更多、做得更好；如果你什麼也不想做，你就得遠離許多物質生活的享受，因為社會只能為你提供最低生活保障；……。

擁有一些對我們來說是最重要、最必要的，放棄一些對我來說是不那麼重要、不那麼必要的，你就會輕鬆得多。

進而言之，你見過誰是什麼都得到的？每個人得到什麼的時候，

都會失去點什麼，與其為失去的而懊惱，不如主動地去放棄它。這就是辯證法。

(2) 承認現實

如果什麼都捨不得放棄，那就承認現實。有時，承認了現實，也會減輕壓力。

Ψ 延伸閱讀 Ψ

＜十不足＞ ［明］朱載堉

終日奔忙只為饑，才得有食又思衣。

置下綾羅身上穿，抬頭又嫌房屋低。

蓋下高樓並大廈，床前卻少美貌妻。

嬌妻美妾都娶下，又慮出門沒馬騎。

將錢買下高頭馬，馬前馬後少跟隨。

家人招下數十個，有錢沒勢被人欺。

一銓銓到知縣位，又說官小勢位卑。

一攀攀到閣老位，每日思想要登基。

一日南面坐天下，又想神仙來下棋。

洞賓與他把棋下，又問哪是上天梯。

上天梯子未坐下，閻王發牌鬼來催。

若非此人大限到，上到天上還嫌低。

＜他為何活得那麼累＞

一個人覺得生活很沉重，便去見哲人柏拉圖，尋求解脫之道。柏拉圖沒有說什麼，只是給他一個簍子讓他背在肩上，並指著一條沙石路說：「你每走一步就拾一塊石頭放進去，看看有什麼感覺。」那人開始遵照柏拉圖所說的去做，柏拉圖則快步走到路的另一頭。

過了一會兒，那人走到小路的盡頭。柏拉圖問他有什麼感覺。

那人說：「感覺越來越沉重。」

「這就是你為什麼感覺生活越來越沉重的原因。」柏拉圖說，「每個人來到這個世界上的時候，都背著一個空簍子，在人生的路上他們每走一步，都要從這個世界上拿一樣東西放進去，所以就會有越來越累的感覺。」

那人問：「有什麼辦法可以減輕這些沉重的負擔嗎？」

柏拉圖反問他：「那你願意把工作、愛情、家庭、友誼哪一樣拿出來呢？」那人聽後沉默不語。

柏拉圖說：「既然都難以割捨，那就不要想背負的沉重，而去想擁有的快樂。我們每個人的簍子裡裝的不僅僅是上天給予我們的恩賜，還有責任和義務。當你感到沉重時，也許你應該慶倖自己不是另外一個人，因為他的簍子可能比你的大多了，也沉重多了。這樣一想，你的簍子裡不就擁有更多的歡樂了嗎？」那人恍然大悟。

為什麼「我不行」

■ 真實案例

「我不行」先生沒有包公那樣的黑臉，也沒有武大郎那樣矮小的身材，他跟平常人沒有什麼兩樣。然而，他總以為自己臉黑、身材矮小，遜人一等。他做事有一大特點：凡是沒有百分之一百二的把握就不做。別人不會做的事，請他做，他會說：「我不行！」

因為說這三個字的次數太多，這三個字變成了他的雅號。

讀完這文章，我掩卷沉思：「我不行」先生究竟是誰？是你，是我，還是他？

我的哥哥就是一個「我不行」先生，他擅長畫畫，他的畫貼在家裡，到他家去的人看到總會豎起大拇指說：「棒！」可是，我請他再畫一幅給我時，他拿起畫筆就照牆上的畫去畫，我說：「為什麼不自己創作一幅呢？」

他順口拋出一句：「我不行！」哥哥看到我能在學習機上打字，也要學。我把有關書籍往他面前一放，他幾乎暈了，睜著大眼睛：「要看這麼多書啊？我不行。」Oh My God ！他又來了。

也不知道什麼時候，我們班的同學與「我不行」先生打上了交道。上課時，老師在上面講得「眉飛色舞」，同學在下面鴉雀無聲，一個個都是那麼「認真」！

老師提的問題總是被少數同學「承包」。同學們都不會答嗎？非也！有的同學怕答錯了，鬧笑話，默默無聞做一個「我不行」先生。有的同學是不願意回答問題，他們也許想：反正會有人做，少我一個又何妨。他們甘願做一個不喜歡出頭的「我不行」先生。

■ 深度分析

中國人常掛在嘴邊說的一句話就是「我不行」。也不是不想成就大事，但一遇到困難，一個念頭就出現在腦海中：「喲，這事恐怕不是我能做的，算了吧。」

但看到別人「行」的時候又每每不服氣，「那小子又不怎麼樣，他竟然會取得成功？上天真不公平，這種好事怎麼就輪不到我？」

如果說，我們在許多時候，不能到達成功的彼岸，不能躍上事業的巔峰，是因為自己耽誤了自己，這話你信嗎？

這裡先給大家介紹兩個心理學概念──「自我效能感」與「習得性無力感」。「自我效能感」由美國著名心理學家班都拉率先提出，它是指人對自己是否能成功進行某一成就行為的主觀判斷。這種主觀判斷由兩種期待──「結果期待」與「效能期待」所構成。

「結果期待」是指對自己行為與行為結果關係的推測。如果預測到某一特定行為將會導致特定結果，那麼這一行為就可能會被啟動、被選擇。比如說，某學生認為上課注意聽講就能得到好成績，那麼他就會去認真聽講。

「效能期待」是指人們對自己能夠進行某一行為的實施能力的判斷，也就是說，是否確信自己能夠成功地完成某一預期行為，並取得令人滿意的結果。當確信自己有能力進行某一活動，便會產生高度的自我效能感。

由此可知，「自我效能感」是指一個人在進行某一活動前，對自己能否有效地作出某一行為的判斷，也就是人對自身行為能力的主觀推測。請注意，這是一種主觀推測，它不一定與自己客觀上所擁有的能力完全相匹配。但有一點可以肯定，如果你自己都不相信自己，認為自己做不好這件事，這件事做得很圓滿的可能性不會很大。

雖然我們沒有清晰意識到，但實際上客觀存在的一個事實是：當我們在接受一個任務或者遇到了困難時，我們常常會問自己：「我

能否勝任這項工作？」、「以我的能力能應付眼前的困難嗎？」

對於這種自我判斷的問題的回答即體現了一個人自我效能感的高低。而一個人的自我效能感的高低決定了其對成功的難易程度的看法。

班都拉等人的研究表明，「自我效能感」具有以下功能：

(1) 影響人們對活動的選擇

自我效能感高的人傾向於選擇富有挑戰性的任務，接近自身能力極限的工作，而自我效能感低的人則相反。

(2) 影響人們在困難面前的態度

自我效能感高的人敢於透過堅持不懈的努力克服困難；而自我效能感低的人在困難面前則常常退縮、膽怯、輕言放棄。

(3) 影響活動時的情緒

自我效能感高的人熱情洋溢、情緒飽滿、富有自信；而自我效能感低的人則充滿恐懼與焦慮。

(4) 影響人們的注意指向

自我效能感高的人能將注意力和努力集中於情境的要求上，集中於活動本身；而自我效能感低的人將潛在的困難看得比實際上更嚴重。他們將更多的注意力集中於可能的失敗和不利的後果，而不是如何有效地運用其能力實現目標。

自我效能感低下的極致狀態就是習得性無力感。它是指個體接連不斷地受到挫折，便會產生無能為力、聽天由命的心態。我們總認為自己不行的原因，並不是來自於我們所經歷的種種挫折以及失敗，而是經歷了這些事件之後我們所產生的心理暗示、心理壓力。它影響了我們的自我認知，對自己的能力、意志力等個性品質產生了懷疑。

這種懷疑會使我們儘量迴避與外界接觸，從而減緩自卑的壓力。時間長了，這種逃避心理會使我們遇到事情不敢積極面對，只是消

極退縮，而結果正好驗證自己一開始的「預言」——我不行。

在生活、學習、工作中，我們一定要給予自己積極的心理暗示，要相信自己的能力，要多回想自己成功的經歷，要能夠看到與自己的水準差不多的示範者取得的成功，這樣都可以提高我們的自我效能感。

當面對困難、挑戰的時候，一定要不斷地對自己說：「我一定能做好！」當你真正具備了這種積極健康的心態，當你能夠從容地分析客觀世界的時候，你會逐漸發現成功真的沒有我們想像的那麼難。

羅斯福曾經說過：「我們唯一該怕的是『恐慌心理』。」正是這種對成功的恐慌心理使得許多人對成功望而卻步。**自卑感的產生不是來自於各種「事實」或者「經驗」，而是來自於對這些事實和經驗的分析和評價。**

突破心法

我們應當時時告訴自己：我不可能什麼都行，也不可能什麼都不行，在一個特定的領域、特定的時間、特定的條件下，我就是行，比任何人都行。

我這一次不行，並不意味著我下一次不行，更不意味著我永遠不行。我現在不行，並不是因為我的潛能不行，而是由於努力不夠，堅持下去，繼續努力，我就能行。

上帝給予我們的時間與智慧足夠我們成就一番事業，我們完全可以有很大的作為，取得很大的成就，可以擁有我們想擁有的一切——一切皆有可能。

Ψ 延伸閱讀 Ψ

＜習得性無力感＞

心理學家塞利格曼做過一個實驗：在實驗中將狗固定在架子上進行電擊，狗既不能預測也不能控制這些電擊。之後，他們把狗放在一個中間用矮板牆隔開的實驗室裡，讓它們學習迴避電擊。

電擊前 10 秒室內亮燈，狗只要跳過板牆就可以迴避電擊，對於一般的狗來講，這是非常容易學會的。可是，實驗中的狗絕大部分沒有學會迴避電擊，它們先是亂抓亂叫，後來乾脆趴在地板上甘心忍受電擊，不進行任何的反應。

塞利格曼認為，動物在有了「某些外部事件無法控制」的經驗後，會產生一種叫作「習得性無力感」的心理狀態，這種無助感會使動物表現出反應性降低的消極行為，妨礙新的學習。後來，以人為被試者的研究也得出相似的結論。

＜成功並不像你想像得那麼難＞

1956 年，一位韓國學生到劍橋大學主修心理學。在喝下午茶的時候，他常常到學校的咖啡廳或茶座聽一些成功人士聊天。

這些成功人士包括一些諾貝爾獎得主、某領域的學術權威和一些創造了經濟神話的人，這些人幽默風趣，舉重若輕，把自己的成功看得順理成章。他發現他以前被一些成功人士欺騙了，那些人為了讓正在創業的人知難而退，普遍把自己的創業艱辛誇大了。

作為心理系的學生，他認為很有必要對韓國成功人士的心態加以研究。1970 年，他把《成功並不像你想像得那麼難》作為畢業論文，提交給現代經濟心理學的創始人威爾佈雷登教授。

佈雷登教授讀後，大為驚喜，他認為這是個新發現，這種現象雖然在東方甚至在世界各地普遍存在，但是此前還沒有一個人

大膽地提出來並加以研究。驚喜之餘,他寫信給他的劍橋校友——當時正坐在韓國政壇第一把交椅上的人——朴正熙。

他在信中說:「我不敢說這部著作對你有多大的幫助,但我敢肯定它比你的任何一個政令都能產生震動。」

後來這本書果然隨著韓國的經濟起飛了。這本書鼓舞了許多人,因為他們從一個新的角度告訴人們,成功與「三更燈火,五更雞」、「頭懸樑,錐刺股」沒有必然的聯繫。

只要你對某一事業感興趣,長久堅持下去就會成功,因為上帝賜予你的時間和智慧夠你做完一件事情。後來,他成了韓國現代汽車公司的總裁。

迷失了自我

■ 真實案例

本人 20 歲，男，目前在國內一線城市工作，有不錯的收入。因為生長在離異的家庭，比同齡人自立得更快一點，工作蒸蒸日上，交際圈也越來越廣，但卻漸漸發現自己越來越追求物質，週末晚上就和狐朋狗友去酒吧玩得夜不歸宿，緩解工作的壓力，並且一點也不開心，每晚一個人回到家就開始不停地喝酒抽煙。

不管是工作還是生活，都不能讓我滿意，我不知道自己想要什麼，只覺得越來越看不清自己。

■ 深度分析

是誰在清晨睡眼惺忪淹沒在上班的人潮中？是誰在深夜披星戴月奔波在歸家路途上？是誰在江湖打拼，差點忘記當年睡在的兄弟？

職場白領，一個龐大的人群，正面對著巨大的壓力，來自生存、工作、競爭，也來自內心不停歇的慾望。這些壓力讓他們像一隻陀螺，被命運的鞭子抽中，無法休息。健康、朋友、快樂，都漸漸遠去。有一點無奈，有一點辛酸。

案例中的那位男士心裡十分煎熬，在不斷前進的過程中迷失了自我，感到困惑。這代表了一種生活狀態：在生活和工作中都充滿了競爭，他們從底層奮鬥，短時間達到了不錯的成績，不停地快節奏的工作，但是很快又感到不滿足，因為物質上的滿足不代表精神上的滿足。

乍看之下，他的業餘生活很豐富。但根據馬斯洛的需要層次理論，人的需要由低到高依序為：生理需要、安全需要、社會需要、尊重需要及自我實現需要，白領們在生理、安全及社會需要得到滿足後，自然就會追求高層次的尊重需要及自我實現需要。

　　那位男士在工作中不知道自己要實現什麼，只能用抽煙喝酒來麻痺自己的神經，暫時的麻痺也可以。每天都活得很痛苦，工作蒸蒸日上又怎麼樣？對於現在不斷追求物質的自己，他似乎很是瞧不起，但在老家，自己可能又是同齡人羨慕的榜樣。只是在這個國內一線城市，卻因沒找到自己的歸屬感，所以沒有覺得好到哪裡去，不知道怎樣做日子才能過得簡單一些。

　　其實在大多數時候，是我們將生活想得複雜了。沒有目標，不知道自己現在追求什麼，或者說永不滿足於現狀。那麼從現在起，每天下班回家後，停下來，想想自己大學時奮鬥的目標、那時的人生理想。

　　誠如上文所說，自己就像陀螺，不得不高速運轉，停不下來。但是每天半個小時的時間都沒有嗎？哪怕是入睡前的半個小時。不僅可以想以後，還可以想今天的工作所得。你會發現其實你每天都在進步。

　　人不可能沒有目標，就算是乞丐，他也會想著，我明天怎樣才能乞討到更多的錢，哪個地段可能會好一些。話說回來，20歲的年輕人，你處在人生最絢爛的年紀，在迷茫中成長是必須的。失敗一次不可怕，你有失敗的資本。

　　再說，你本來就沒有什麼，再失敗也不會比起點差，至少你收獲了寶貴的經驗。在這個經濟轉型的時代，時代的車輪軋過，白領正在經歷由精英階層向大眾階層的痛苦蛻變。白領們曾經擁有的一切被一點點地剝奪，如果你不迎難而上，那麼就會墜入社會的底層。所以寧願做過、不要錯過！

■ 突破心法

　　「辭舊迎新，做一個計畫白領。」這話誰都會說，但是真正做到的有幾個。計畫不要太空泛，因為長期計畫往往因為各種偶然和必然因素而擱淺，讓人有遙遙無期之感，遂而中途放棄；而短期計畫卻

能使人看到終點，從而動力十足，奮力拼搏。每到一個終點，在前一計畫所獲得的知識基礎上制訂下一個計畫，這樣如登梯般反而易成功！

週末會狐朋狗友可以停了，明知道是狐朋狗友還來往，不是傻子嗎？為了應酬，偶爾出去那是毋庸置疑的，但無目的的放縱，那只代表心態很不成熟。

另外每晚的抽煙喝酒也應適可而止。在所生活的城市，選一個離家近的健身中心，鍛鍊完後，沖澡回家，不失為一個減壓的好方法。週末，可以去一個臨近的城市，來個一日遊，花費不多，還有益身體健康，帶上女朋友，加深感情，一舉多得。

Ψ 延伸閱讀 Ψ

＜你也在井裡嗎？＞

有一天，某個農夫的一頭驢子不小心掉進一口枯井裡，農夫絞盡腦汁想辦法救出驢子，但幾個小時過去，驢子還是在井裡痛苦地哀號著。

最後，這位農夫決定放棄，他想這頭驢子年紀也太老了。於是，農夫請來左鄰右舍幫忙，想把井中的驢子埋了。鄰居們人手一把鏟子，泥土一鏟鏟進了枯井。但出人意料的是，這頭驢子好像安靜下來了，農夫好奇地往井底探頭，出現在眼前的景象令他大吃一驚：當泥土落在驢子的背部時，驢子便將泥土抖落在一旁，然後站到鏟進的泥土堆上面。

就這樣，驢子將大家鏟倒在它身上的泥土全數抖落在井底，然後再站上去。很快，這隻驢子便得意地上升到井口，然後在眾人驚訝的表情中快步地跑走了！

溫馨提示：在生命的旅程中，有時候我們難免會陷入「枯井」裡，各式各樣的「泥沙」可能會傾倒在我們身上，而想要從這些「枯井」脫困的秘訣就是：將「泥沙」抖落掉，然後站到上面去！

難以啟齒的性騷擾

◼ 真實案例

劉麗是個文靜內向的女孩子，初入職場的她發現上司李明對自己的特殊「關愛」，人前人後，對她的稱呼總以「我們麗麗啊……」開頭。一開始，劉麗不認為這樣的叫法有什麼不妥，就像好多年長的前輩稱呼她，倒也挺親切。

但兩年過去，劉麗逐漸脫掉剛進公司時的稚氣，在工作上，也能獨當一面了。而李明依然親熱地喊著她，這種出格的親熱，使劉麗從無意識漸漸轉化為惱怒。但劉麗也不想輕易得罪李明，所以委婉暗示過幾次，但不知是他沒聽出來，還是她說得太含蓄，李明依然如故。

更甚的是，語言攻勢外還有肉體上的騷擾。李明會以各種名義製造和她單獨相處的機會，要麼眼神灼熱地盯得她頭皮發麻，要麼動手動腳，強行擁抱甚至親吻她。

劉麗不勝其擾，明確告訴李明，她不喜歡這樣。但是，李明並未將劉麗的反對當回事兒，他繼續打著「愛」的旗號騷擾劉麗。劉麗痛苦不堪，夜不能寐，食不知味，精神恍惚，懼怕上班。和男朋友約會時，她的腦海中老蹦出李明可惡的嘴臉，心情糟糕透頂。

她曾想過將此事反應給單位上司，可是缺乏有力的證據，何況李明的口碑很好，她怕他反咬一口，自取其辱；還有一個最根本的顧慮：她不想得罪李明，害怕和他撕破臉。

她也想過找男朋友撐腰，教訓教訓李明，又怕男友不信任自己，誤會她「水性楊花」，為往後的婚姻埋下禍根。辭職嗎？工作的福利待遇在周圍來說都算一流，劉麗捨不得。怕東怕西的結果就是直到現在，劉麗仍被這個辦公室性騷擾的噩夢圍困著，寸步難行。

不能離開，也就意味著劉麗必須繼續忍受李明的「性」騷擾。劉麗苦惱不堪，人瘦了一大圈，不知道這樣的日子什麼時候才會結束。

■ 深度分析

職場性騷擾這個話題早在二十世紀七、八十年代的歐美職場就引起重視，遭受性騷擾在現代職場也不是新鮮事。有報導稱，超過 40%的職場人士遭遇過性騷擾，其中以職場女性為多。

案例中的劉麗因是職場新人，對他人沒有過多防備，也因自身資歷尚淺而把他人的過分關心視作理所當然。對於對方的所作所為，劉麗雖有不悅，但並未果斷採取明確措施，委婉的暗示甚至可能被對方看作半推半就，從而使其變本加厲。

面對這樣的情況，劉麗也沒有尋求相應的社會支援系統，沒有將自身面臨的壓力合理地釋放出去，這樣惡性循環下去，終究會導致其情緒和身體的崩潰。

■ 突破心法

職場人士在工作中該如何應對職場性騷擾呢？

(1) 讓自己變得職業化！

＊外表：體現在你的穿著、言語、動作及工作水準上。職場人士的穿著要符合你的身份，端莊、幹練的服裝能體現你的職業、幹練、理性之美。而輕薄、暴露的衣飾可能引起異性的非分之想。

＊工作時間內與人交往時，說話方式應注意，不可發嗲；談話內容應為公事，不可過多談論私事。如果男性挑逗你，你要明確提出你不喜歡，如果你不加阻止甚至也用同樣的話迎合他，遭性騷擾只是遲早的事情。

＊和異性共事，不要有過於親密的行為，要保持一定的距離，不要讓異性有想入非非的空間，如果其行為超越了你能接受的範圍，必須馬上離開或警告對方。

＊提高自己的職業素養，提升工作能力，使自己有實力，努力成為職場不可替代的人物，這樣他人就不敢輕易冒犯你。

(2) 勇敢地說「不」！

面對對方不合適的行為，大膽表明自己的情緒。如果委婉的暗示不足以打消他的不良念頭，就以莊嚴冷峻的態度表明你不喜歡。

如對方還不收斂，在工作中要態度明確的表明自己的立場，不接受工作之外的任何邀請。儘量在公共、透明的環境中工作，若在單獨接觸過程中發現不良苗頭應馬上撤退。

如果堅決的拒絕態度還不能消除其騷擾的行為，就必須拿起法律武器保護自己。可以先透過公司正常程序來處理對方，如果不行，就應該使用法律武器，其中最重要的就是取證問題。

＊人證：由於性騷擾的行為隱蔽，很難有人發現，所以被害人很多是吃啞巴虧。因此，當對方實施騷擾行為時，盡可能地製造出動靜，引起別人注意，這樣才有可能取得人證。

＊物證：當收到騷擾短信、電子郵件、紙條或收到與性有關的禮物或他人展示的色情刊物時，要留下物品作為證據。把騷擾發生的日期、時間、地點和對方的行為、話語都記錄下來，這些都可作為日後投訴的證據。

＊視聽材料取證：如果長期被騷擾，應該隨身攜帶答錄機和攝影機、照相機進行取證。錄音、錄影和照片等視聽材料都可以作為被性騷擾的證據。

＊可以透過尋求其他的社會支援系統説明自己。

＊向家人和朋友尋求幫助，透過傾訴宣洩自己的不良情緒以減少自身壓力。當得到親人、朋友，尤其是自己伴侶的理解和支持後，能更好地面對被騷擾的問題。「三個臭皮匠勝過一個諸葛亮」，眾人的智慧肯定能夠想出更好的解決方案。

要是還是解決不了，辭職只能是最好的解脫方式。任憑工作環境再優越、福利待遇再優渥，也比不上身心健康愉悅更重要！

Ψ 延伸閱讀 Ψ

〈驚喜〉

老闆對他的女秘書覬覦已久，並不時伸出鹹豬手。秘書一直躲閃，但老闆卻不依不饒，這使得女秘書非常鬱悶。

有一天，正是老闆的生日，秘書主動邀請老闆晚上去她家，還特別告訴他，她老公出差了，要給你一個驚喜。

老闆大喜過望，下班後特地把自己收拾一番直奔女秘書家。一到她家，老闆便猴急猴急地上去就要擁抱。

女秘書嗲聲嗲氣地說：「去去去，先去洗個澡，再到我房間來。」老闆急急忙忙沖了一下，衣服也沒穿，用浴巾把身子一裹就往房間去。

推開房門，只見單位的十幾個員工齊聲高呼：「老闆，祝您生日快樂！」

光著身子的老闆，頓時暈了——有驚卻無喜！

★職場性騷擾行為 10 項指標

1	被反覆凝視身體敏感部位或被帶有性意味的長時間注視。
2	他人身體故意靠近。
3	他人透過電話、手機或信件挑逗或性暗示。
4	他人以性為內容進行辱罵。
5	他人以利益作為交換條件提出性要求。
6	他人做出猥褻動作，包括手勢、暴露性器官等。
7	被人強行撫摸。
8	被人強行摟抱。
9	被人強行親吻。
10	被人強迫發生性關係。

他就是比我好

■ 真實案例

阿超和小龍兩人是大學的同班同學，因為都是湖南人的緣故，關係很好。畢業後，兩人都決定留在上海打拼，雖然不在一個公司，但因從事的都是金融方面的工作，住的也近，所以來往十分頻繁。

八年前，兩人決定一起創業，經過六年的打拼，公司打出了市場，他們也由原來的總經理和副總經理升為董事長和總經理。兩人都是商場上的成功者，在外人看來都羨慕不已。但是，小龍心裡卻不太舒服。因為他覺得自己的付出和能力都和阿超差不多，為何阿超是董事長而自己卻只是總經理？阿超身價千萬，自己卻只算個百萬富翁？

長此以往，他心理越來越不平衡，甚至晚上失眠，白天工作無精打采，焦慮不安。小龍再也受不了了。他不顧別人的勸說，毅然辭職，自己開了一家公司當上董事長。

但到了那個時候，他才發現董事長真不好做。由於經營不善，不到一年的工夫，公司便倒閉了。小龍自己又陷入了深深的痛苦，自己的錢不但全砸進去了，還欠了許多債。如果沒辭職的話，他雖然在阿超的下面，但是至少還是個百萬富翁，年底還有不少的分紅。

■ 深度分析

其實，小龍陷入了一個思維錯誤，那就是要和阿超平起平坐。在兩個人的職業生涯發展中，阿超總是比小龍領先一步。一開始阿超是總經理而小龍是副總經理，後來阿超是董事長而小龍是總經理，阿超的財富也超過了小龍。

由於處在阿超的下面，小龍心裡總是不服氣，想要和阿超平起平坐。但是當他真的當上董事長的時候，發現壓力遠比自己想像的大，自己的能力不足以去駕馭整個公司，最後公司倒閉，這時後悔也沒用。

幸福或痛苦是比較出來的，攀比最容易讓人心理不平衡，小龍的煩惱就在於此。如果你和別人比奉獻，那麼你會盡可能地學習、工作，發揮自己的才能，這樣你一定會獲得成就和自我價值。但是，如果比索取、比得到、比付出和獲得之間誰更合算，就容易產生心理不平衡，並會對自己的努力和才幹有所保留，當然不能取得最好的效益。

在與人合作的時候，不成熟的人往往喜歡在失敗的時候將責任推給他人，成功的時候將功勞攬入自己懷中，這種不平衡的做法當然容易產生心理不平衡。應該要反過來想，在成功的時候多想想別人的功勞；在失敗的時候多考慮一下自己的責任，這種平衡的做法才會促進人與人之間的合作。

■ 突破心法

工作中，難免會與他人進行比較，關鍵是跟誰比、比什麼、怎麼比。在工作中，與出色的人比，會看到自己的不足與缺陷，更好地完善自己；在生活中，學會知足，明白精神上的快樂最幸福。

生活清貧還是奢華並不重要，關鍵是要有一顆平常心。腰纏萬貫不見得幸福，平凡的人也能很快樂。

為什麼有些人的心裡只能容得下自己而容不下別人？是因為這些人心胸狹隘。為什麼有些事在別人看來是小事到自己這就是大事，斤斤計較？還是因為心胸狹隘。

所以，相處之道的核心就是胸懷和境界。寬廣的胸懷和寬容合作的心態，能夠使你的職業生涯走得更順利。同時，要客觀地看待別人的長處和短處，有積極的態度和思維方式，與合作者取長補短，才能獲得工作上的共同進步。

文中的小龍就是敗給了自己的心胸狹窄，如果他能看開一點，專心做好自己的本職工作，也許結局就不會這樣。要知道這個世上總有比我們強的人，我們要和比爾・蓋茲比財富，我們就是窮鬼；和姚明比身高，我們就是侏儒；和愛因斯坦比智慧，我們就是傻子。在這件

事情上，馬克思和恩格斯兩個人之間的合作是值得小龍好好學習的。

Ψ 延伸閱讀 Ψ

＜偉大的友誼＞

馬克思與恩格斯這兩位革命巨人之間的親密合作，是我們應該效仿的。馬克思對恩格斯的才能十分敬佩，說自己總是踏著恩格斯的腳印走，而恩格斯總認為馬克思的才能要超過自己，在他們的共同事業中，馬克思是第一提琴手而自己是第二提琴手。《資本論》這部經典著作的寫作及出版，就是他們偉大友誼的結晶。

1848 年大革命失敗後，恩格斯回到曼徹斯特營業所，從事商務活動。這讓他十分懊惱，曾不止一次地把它稱作「該死的生意經」，並且決心永遠擺脫這些事，去做他喜愛的政治活動和科學研究。

然而，當恩格斯想到被迫流亡英國倫敦的馬克思一家經常以麵包和馬鈴薯充饑，過著貧困的生活時，他就拋開棄商念頭，咬緊牙關，堅持下去，並取得成功。他這樣做，為的是能在物質上幫助馬克思，使《資本論》早日寫成並得以出版。

於是每個月，有時甚至是每個星期，都有一張張一英鎊、二英鎊、五英鎊或十英鎊的匯票從曼徹斯特寄往倫敦。1864 年，恩格斯成為一家公司的合夥人，開始對馬克思大力援助。幾年後，他把公司合夥股權賣出以後，每年贈給馬克思 350 英鎊。這些錢加起來，大大超過恩格斯的家庭開支。

對馬克思來說，是為了對剛剛興起的科學社會主義進行有效的指導，為了揭露資本主義的根本缺陷，才接受恩格斯的幫助。

馬克思和恩格斯是親密無間的朋友，他們所有的一切，無論是金錢或是學問都不分彼此。雖然他們分開了 20 年，但他們在思想上的共同生活沒有終止。他們每天通信，談論政治和科學問題。

馬克思把閱讀恩格斯的來信看作最愉快的事情。他常常拿著信自言自語，好像正在和恩格斯交談似的。「在這一點上你是對的！」馬克思說著說著竟喜極而泣。

馬克思和恩格斯是那樣地相互尊重，在他們看來，任何人對他們的思想和著作的批評都不及他們彼此交換意見那樣意義重大。於是，一有機會，恩格斯便擺脫商務，跑回倫敦。

恩格斯在倫敦期間，他倆天天見面，不是在這個家裡，就是在那個家裡。討論問題時，他們在屋子裡，各自沿著一條對角走來走去，一連談上幾個鐘頭。有時兩人一前一後，半晌不吭一聲地踱步，直到取得一致的意見為止。然後，兩人相視著就放聲大笑起來。

1867年8月16日，這是一個值得紀念的日子。這天凌晨兩點，馬克思向他的戰友報告說，《資本論》第一卷所有印張（一共49個印張）的校對工作，都已結束。他興奮極了，寫信對恩格斯說：「這一卷能夠完成，都得力於你！沒有你為我而作的犧牲，這樣三大卷的大部頭著作，是我不能完成的，我擁抱你，感激之至！」

《資本論》於1867年9月14日在德國漢堡出版，這是整個國際工人運動中，具有偉大意義的大事，也是兩位巨人友誼的結晶。

這樣的友誼是如此深厚，甚至一直延續到馬克思逝世之後。

馬克思在病重期間，曾告訴女兒愛琳娜說，希望恩格斯能為他尚未出版的《資本論》第二卷和第三卷「做出點什麼」來。當然，即使馬克思沒有提出這樣的要求，恩格斯也會去做的。

從1883年馬克思逝世時起，整整十年，恩格斯放下自己的工作，從事《資本論》後兩卷手稿的整理、出版，補充了許多材料，重新撰寫了一些篇章，使《資本論》得以在1885年和1894年問世。

＜哪堆乾草堆更高＞

一頭驢餓了，走到一個乾草堆前準備吃草。

牠剛低下頭要吃的時候，驀然發現旁邊一堆乾草堆好像比較高。等它走到那堆乾草堆前，發現還是原來的比較高。

就這樣，它在兩堆乾草堆之間走來走去，最後餓死了。其實，兩堆乾草堆原本就是一樣大的。

看來，過分比較是會害死人的。

★測一測：你的攀比心理指數

根據最近兩個月的表現，用「是」或「否」回答下列問題：

1	看到他人有車之後，是否自己也想買，而且想買更好的？
2	看到他人升職後，是否覺得升職的應該是自己？
3	看到他人的手機、電腦等電子產品比自己的好，會想換更好的？
4	看著他人的孩子好，是否馬上要求自己的孩子比他人的孩子好？
5	看到他人的衣服高檔，是否不切實際的想買更高檔的服裝？
6	看到他人的婚禮隆重，是否自己想辦得更隆重？
7	看著同事出國進修深造，是否自己也想去？
8	知道別人去旅遊，是否自己也會不假思索的去？

評分標準：如果你的回答出現兩個以上的「是」的話，說明你已經存在不正確的攀比心理，應當及時調整，逐步走出陰影。

升職後的煩惱

◤ 真實案例

小劉從小就很優秀，從幼稚園、小學、中學到大學都是一個讓家長和老師放心的孩子，不用怎麼說就能做得很好，大家對他一片讚揚，也很少有事能拿來批評他。

所以，從小到大，他都走得很順利。大學畢業後，成績優秀的他被一家搞農業科技的企業看中，主要負責技術相關。對於這一份工作，小劉做得得心應手，而且人又勤奮、謙虛，上司同事都特別喜歡他。因為工作出色，小劉經常受到上司的表揚，讓他很有成就感。

工作近10年之後，小劉剛過35歲生日，就被提拔為辦公室主任。如此一來，他和老總的關係更近，發展的機會也更多了。於是家人、同事、朋友紛紛向他來道賀，他自己也特別開心。

然而，當他正式在新職位上任的時候，才發現一切不像自己想像的那樣簡單。本以為和老總更多地接觸，會得到更多地表揚和讚許，而事實上，在工作中無論他如何仔細，總會出現一些或大或小的錯誤。有時候，自己努力熬出的一份很滿意的報告，但給老總看的時候總會被挑錯。因為老是被老總批評，他再也找不回從前的那種成就感了。

這讓小劉很痛苦，很煩惱，而越是這樣，工作中反而出的錯越多。於是，他動了回到原來的工作職位的念頭，但是轉念一想，只有人往高處走的道理，哪有人主動往低處走的？懷揣著這樣的思維，他進退維谷，左右為難，壓力特別大，工作簡直毫無樂趣可言，更別奢望工作滿意度和成就感了。

■ 深度分析

中國的人力資源體系很缺乏科學性，「學而優則仕」的傳統觀念至今沒有改變。技術工作做得好，得到的獎賞往往是提拔到行政單位。但其實，技術工作與行政工作的性質與內容完全不同，一個是以「物」為工作物件，一個是以「人」為工作物件。

當然，有些人的能力結構與職業傾向可以遊刃有餘於這兩類工作之間，但多數人卻不能適應。現代管理學中有個熱門話題叫「勝任力模型」，意即任何一個職位都有特定的知識、能力、技能與人格結構要求。員工晉升或轉崗不僅是看你在原職位上幹得如何，更重要的是要看是否符合新職位勝任力模型的要求。

上文中提到的小劉可能就是一個技術型人才，做技術活得心應手，到行政單位上就不見得是良材了。有一部電視劇《我的兄弟叫順溜》，主角順溜是非常棒的前鋒，卻讓他去當指揮，豈不是很奇怪？

還有一點，小劉在遇到否定、挑剔、批評、斥責等一系列挫折時所表現出來的反應顯得不夠成熟。挫折是一種不幸，同時也是一種財富，不管你從事什麼工作，在人生的道路上挫折總不可避免。

其實挫折就像是一塊磨刀石，是成熟人生的一種必要歷練。「聞過則喜」的要求可能太高了，但聽從批評卻是不斷成長的基本條件。

■ 突破心法

首先要勸告小劉，仔細審視一下自己的勝任力結構，做自己最擅長、最喜歡的事情，才可以皆大歡喜。不要聽信他人的閒言碎語，好像只有當官才最有出息。

「條條大道通羅馬」，任何一項工作，做得好都有出息，做得不好都沒有出息。「人往高處走」的理念是錯誤，隨著社會的進步，分工愈來愈細緻，做自己最合適的工作，不僅可能最大限度地釋放出自己的潛能，而且也能最大程度的體驗到成就感與愉悅感。

如果非要做行政也可以，那就得調整自己的知識結構與能力結構。對於行政工作而言，還得增強自己的心理承受力，不要說自己做錯了會挨批評，有的時候你沒有錯而是你的上司錯了，可能也會被訓斥，要有心理準備。這個適應的過程也許還不會太短，要能堅持住。

Ψ 延伸閱讀 Ψ

〈戰勝殘疾的巴雷尼〉

巴雷尼小時候因病成了殘疾，母親的心就像刀絞一樣，但她還是忍住悲痛。她想，孩子現在最需要的是鼓勵和說明，而不是眼淚。

母親來到巴雷尼的病床前，拉著他的手說：「孩子，媽媽相信你是個有志氣的人，希望你能用自己的雙腿，在人生的道路上勇敢地走下去！好雷尼，你能夠答應媽媽嗎？」

母親的話，像鐵錘一樣撞擊著巴雷尼的心扉，他「哇」的一聲，撲到母親懷裡大哭起來。從那之後，媽媽只要一有空，就幫巴雷尼練習走路，做體操，常常累得滿頭大汗。

有一次媽媽得了重感冒，她想，做母親的不僅要言傳，還要身教。儘管發著高燒，她還是下床按計劃幫助巴雷尼練習走路。黃豆般的汗水從媽媽臉上淌下來，她用乾毛巾擦擦，咬緊牙，硬是幫巴雷尼完成了當天的鍛鍊計畫。

體能訓練彌補了由於殘疾給巴雷尼帶來的不便。母親的榜樣作用，更是深深地教育了巴雷尼，他終於承受住了命運給他的嚴酷打擊。他刻苦學習，學習成績一直在班上名列前茅，最後以優異的成績考進了維也納大學醫學院。

大學畢業後，巴雷尼以全部精力，致力於耳科神經學的研究，終於登上了諾貝爾生理學和醫學獎的頒獎臺。

完美情結作祟

■ 真實案例

　　小李是一家全球 500 強企業駐上海的業務經理，他從一名普通的業務幹起，經過 5 年的摸爬滾打，終於做到了經理的位置。小李口才出眾，思維靈活，在與客戶和上司交流的時候經常得到誇獎。

　　有一次，在公司集會上，小李代表部門作報告，表現地十分出色，大家都聽得聚精會神。然而會後，老總單獨把他叫到辦公室，嚴肅地對他說：「作為一個大學生，怎麼能把『飲鴆止渴』讀成『飲鳩止喝』！」這讓小李啞口無言，恨不得找個洞鑽進去。

　　從此以後，小李發言的時候，只要老總在場，他就緊張異常，說起話來結結巴巴，前言不搭後語。以前這種情況是從來沒有的，他的下屬都不清楚他發生了什麼情況。

　　其實他本人也是非常不滿意，以前發言基本不用草稿，現在就算事前打好草稿、練習多次還是會出錯。到了後來，即使老總不在場，小李也會莫名的緊張，生怕哪裡又出錯了。而且眼睛總是看著台下的人，生怕從台下人的眼中看到對自己的不滿。

■ 深度分析

　　說話時字音重複或詞句中斷的現象叫口吃。這是一種習慣性的語言缺陷，通俗的說法是結巴，它牽涉到遺傳基因、神經生理發育、心理壓力和語言行為等多種原因，是一種非常複雜的語言失調症。

　　小李顯然不屬於這種疾病，因為他本來能言善辯，因為他老總不在場時就沒那麼嚴重。他的問題應該是與他敏感型的人格有關，也與他太急切地想在上司面前表現、太想得到上司的好評有關。

　　更深層的原因也許是他潛意識中的完美情結在作祟。乍看之下，是老總給他下了什麼魔咒——因為是在老總批評後變得不會說話了，

其實是他給自己下了魔咒——因心態不端正而把事實搞得越來越糟。

第83屆奧斯卡最佳影片《王者之聲》相信不少人都看過，影片講述了喬治六世由於擁有一個像愛德華王儲這樣優秀的哥哥，自小害羞、口吃，看起來並沒有繼承王位的可能。

他和妻子伊莉莎白在遠離公眾的平靜生活中逍遙度日，撫養兩個女兒。隨著老國王身體衰弱，日益增加的公共責任落到了他的身上，他也因此開始了與口吃的艱難抗爭，並找到了「民間醫生」萊納爾·羅格，兩人在治療的過程中建立了終生的友誼。

愛德華遜位後，他臨危受命，成為喬治六世。兩年後，二戰爆發。在羅格醫生的幫助下，喬治六世克服了口吃，透過廣播發表了一篇鼓舞人心的耶誕節演講，號召英國人反抗法西斯，成為二戰中激勵英國人鬥志的重要因素。

相較於喬治六世的口吃，小李的問題則要簡單得多，是完美情結演化為心魔，是心魔讓他方寸大亂，然後，一次一次的失敗又在不斷強化他的心魔。由於這一心魔是由老總誘發出來的，所以老總在場時，說話愈來愈不利索。

■ 突破心法

小李首先要做的是在意識層面與無意識層面解決完美情結的問題。他自身本來就擁有不錯的演講能力，只因為一次小錯誤被批評就過分自責。

其實誰能不犯錯？就算再偉大的演講者，也不可能一次錯也沒犯過。完美是一種理想境界。我們可以接近完美，但不可能達到完美。這種觀念，在我們腦中必須牢固確立。

仔細想想，世界上哪件事是完美的呢？沒有，過去沒有、現在沒有、將來也沒有。我們凡人沒有，那些精英也沒有。美國前總統富蘭克林·羅斯福坦然向公眾承認，如果他的決策能夠達到75%的正確率，那就達到了他預期的最高標準了。羅斯福尚且如此，我們又何必對自

己一味苛求呢？

　　不必過分追求完美。要做好一份工作，講究的是成效。只要你盡了力，而且達到了預期的目的，就無須再一味追求所謂的「完美」。進而言之，「完美」並不可愛。心理學家做過一個實驗：他們向被試大學生描述兩個人，他們都有很強的能力，都有崇高的人格。但其中有一個從來不犯錯，另一個有時會犯點小錯誤。要求被試回答：這兩個人哪一個更可愛？結果絕大多數被試認為那個有時會犯點小錯誤的人更可愛。

　　當完成一項工作以後，我們可以反思，也有必要反思，我們可以總結經驗，也需要總結教訓，但千萬不要因一點小小的缺憾而自責。試想，當你因過分追求完美而陷入自責的怪圈，你還有心思去改進工作嗎？

　　職場人士中，有許多人具有強烈的成就動機，換句話說，就是「野心勃勃」。他們恨不得一步登天，因而希望自己做的每一件事、甚至每一件事的每一個細節都十分完美，使自己儘快晉升、儘快成功。於是，心態不免焦灼，這種焦灼的心態常導致欲速則不達、欲完美卻多紕漏的窘境。

　　順便說句題外話，對於一個成熟的人來說，不但不應追求完美，而且在做一件事之前要學會做最壞的打算。我們每做一件事之前，先想一想，最壞的結果是什麼？假如這個結果發生，我能不能承受？如果不能承受，我就不去做，如果能承受才去做。這樣，即便最壞的結果發生，我們心理上也能承受。

　　如果小李的觀念改變了，他的問題也就解決了一大半。以下跟大家分享幾條訓練演講能力的方法。

　　（1）順其自然，為所當為
　　公開演講時，我們之所以感到緊張、焦慮和恐懼是因為心存顧慮，顧慮自己發揮不好。很多時候，我們越是怕什麼越是會發生什麼。

其實，我們所擔心、顧慮的沒那麼可怕，只是我們人為地把它放大了。即使是最偉大的演講家也不可能在演講中什麼錯也不犯，想到這裡，你也許就沒那麼緊張了。你不在乎你的緊張，緊張就消失了，這是個非常神奇的方法。

（2）培養自信，多進行實踐練習

害怕當眾演講的人，多是自信心不足。他們不相信自己能在演講中發揮出色，總是瞻前顧後，害怕出錯。當懷著忐忑的心情上場之後，其注意力幾乎完全集中在自己的表情上，而沒有關注講話的內容，結果就是腦子一片空白。在會議中，經常坐在第一排，多練習，長此以往，自然就有長進。

（3）關注聽眾對演講內容的需求，而不是自己的面子

演講是為了傳遞資訊，不是表演。有時候越是提醒自己別出錯越是容易出錯，要學會關注聽眾的需求，把內容傳遞給他們。

（4）增加體能訓練，培養業餘愛好

增加鍛鍊，能使自己的肌肉的緊張，肌肉緊張時，大腦最放鬆，當大腦放鬆時，人的表現自然好。業餘愛好能使自己不那麼關注自己的缺點，轉移情緒。

BEYOND 有首歌曲《戰勝心魔》，將歌詞錄於下，與君共賞：

問誰做到創意中闖蕩未來／若明道理冥冥中左右命途／
世界弄人不知不覺每個決定可致命／
越過痛楚戰勝心魔覓自我／若有理想哪怕崎嶇實現我自由／
若能做到創意中闖蕩未來／但明道理冥冥中左右命途／
世界弄人不知不覺每個決定可再問

Ψ 延伸閱讀 Ψ

＜邱吉爾的兩次演講＞

1948 年，牛津大學舉辦「成功奧秘」講座，邀請名家來演講，其中有英國首相邱吉爾。活動前一個月，各種媒體就開始炒作，各界都想聽一聽邱吉爾的「成功秘訣」。

會場上座無虛席，邱吉爾走上講臺。他用手勢平息了熱烈的掌聲之後說：「我認為的成功秘訣有三個：第一是絕不放棄；第二是絕不、絕不放棄；第三是絕不、絕不、絕不放棄！我的演講結束了！」說完，邱吉爾就走下了講臺。會場沉寂了片刻後，爆發出經久不息的掌聲。

邱吉爾的最後一次演講，是在劍橋大學一次畢業典禮上。這位舉世聞名的政治家、外交家和諾貝爾文學獎得主，究竟會對即將走向社會參加工作的大學生們提出什麼寶貴的忠告呢？全校師生熱切期盼著。

邱吉爾走上講臺，脫下大衣，摘下帽子，注視著所有的聽眾。他用手勢止住掌聲，鏗鏘有力地說了四個字：「永不放棄！」

說完，邱吉爾穿上了大衣，戴上了帽子，走下了講臺。這時，鴉雀無聲的會場突然爆發出雷鳴般的掌聲。

第二天，各大新聞媒體都以顯著位置報導了邱吉爾的這次演講，讚美這次演講是「他一生最精短的演講」。

自卑：低到塵埃裡的心

■ 真實案例

露西是大學學歷，有著一份在外人眼裡還不錯的工作，但一年後露西卻越來越顯疲憊。

露西性格內向，不大愛說話，和同事打交道時，總覺得自己不如性格活潑的人討喜，漸漸和別人交往越來越少，自己壓力也越來越大。而且露西的內心很敏感，如果別人誇她，她會潛意識地認為生活中其實有很多比自己更好的，自己還不如別人呢！她總是有意無意地拿別人跟自己比，比來比去都是別人好，漸漸就產生自卑的心理。

露西已經意識到這個問題，可是她的思維方式讓她很難改變自己的性格，她覺得自己的思維方式註定了自己會是世界上最差的人。而她所從事的工作很煩瑣，遇到自己難以決斷的事情得向上司或同事請教，每次請教他們時露西總是戰戰兢兢的，有種莫名的恐懼感和緊張感，壓力很大。

露西學習能力很強，可是把知識運用到工作中時總力不從心，她曾嘗試解決過幾次工作上的難題，但總是出現這樣那樣的問題，弄得她忐忑不安，後來連她自己都質疑自己是否能把一件事做好。

露西覺得周圍的同事都做得挺好，不管性別、年齡、學歷如何，好像沒有一個人像她工作得這樣身心俱疲。露西總是覺得自己沒用，缺乏反駁別人的勇氣。有些同事的言辭語氣讓她很不舒服，可是她很少跟對方爭辯或者對抗，總是自己悶著。

現在露西對工作沒有目標，生活也沒有激情，不管做什麼都覺得沒意思，真的不知道該怎麼辦。

◼ 深度分析

有專家曾說過這樣一句話：「在世界上，至少有百分之九十五的人都有自卑感！」這句話聽起來似乎挺嚇人，但是如果仔細觀察，職場中自卑的人的確不少。如文中的露西，總是覺得自己不如別人。產生這種自卑感的主要原因有：

(1) 自我評價太低

職場中人可供比較的物件很多，而且工作所處的特殊環境，也使得很多的職場中人喜歡以他人為鏡來認識自己。

由於這種比較通常是拿自己的短處與他人的長處比，加上對自我的認識不足，常常覺得自己能力不夠，也就容易出現越比越覺得自己不如人、越比越洩氣的情況，進而會產生自卑感，低估自己。心理學家發現，像露西這樣性格內向的人，更容易出現自卑心理。

(2) 挫折的影響

在職場中，挫折不可避免，尤其是剛入職場的新人，如露西嘗試過幾次自己解決問題卻不如意後，便變得消極悲觀，更加自我否定，進而自卑失望。

(3) 錯誤的認知

露西的認知方式存在著一定問題，她認為人應該和各種性格的人都能處得來，這樣非黑即白的思維方式註定她會體驗到不良情緒從而加重自卑感。

◼ 突破心法

(1) 正確認識自我

將自己的注意力轉移，不要老關注自己的弱項和失敗，而是將注意力和精力轉移到自己最感興趣、最擅長的事情上去。

發掘自己的優點，看到自身的價值，找到更適合自己的路徑。選擇更適合自己的途徑發揮自己的長處。如露西，她的優點是學習

能力強，那就應該好好利用這一點，汲取更多的知識來更好地充實自己，準備著厚積而薄發。

(2) 積極的自我暗示

在生活、工作中，要儘量避免使用一些消極性的自我描述用語，如「我不行」、「我沒希望」、「我做不好」等。應該改為「我能行」、「我可以試試」、「這次會成功的」等，並且大聲地對自己說出來。

(3) 保持成功感

當懷疑自己的能力並為自卑感所困擾的時候，不妨從過去的成功經歷中汲取養分，來滋潤自己的信心。

回憶之前你做成功的事情，讓成功的事情來證明自己是能行的。再選擇一件自己最有把握也有意義的事情去做，完成之後，再去下一個目標。

這樣，每一次成功都將強化你的自信心，弱化你的自卑感，一連串的成功則會使你的自信心趨於鞏固。

(4) 運用克服自卑的訓練方法

  方法1：行走時抬頭、挺胸，步伐邁得有彈性。懶惰的姿勢和緩慢的步伐，能助長人的消極思想；而改變走路的姿勢和速度可以改變心態。平時你從未意識到這一點吧？現在起請試試看！

  方法2：抬起雙眼，目視前方，眼神要正視別人。不正視別人，意味著自卑；正視別人則表露出的是誠實和自信。同時，與人講話時看著別人的眼睛也是一種禮貌的表現。

  方法3：當眾發言。卡內基說：當眾發言是克服羞怯心理、增強自信心、提升熱忱的有效突破。這種辦法可說是克服自卑的最有效的辦法。

想一想，你的自卑心理是否多次發生在這樣的情況下？你應當明白：當眾講話，誰都會害怕，只是程度不同而已。所以不要放過每次當眾發言的機會。

方法 4：在眾人面前顯顯眼。有關成功的一切都是顯眼的。試著在你乘坐捷運或公共汽車時，在較空的車廂裡來回走走，或是當步入會場時有意從前排穿過。並選前排的座位坐下，以此來鍛鍊自己。

Ψ 延伸閱讀 Ψ

〈抬起頭來真美〉

珍妮是個總愛低著頭的小女孩，她一直覺得自己長得不夠漂亮。有一天，她到服飾店買了綠色蝴蝶結，店主不斷讚美她戴上去很好看。珍妮雖不信，但是很高興，不由得仰起了頭，急於讓大家看看，出門給人撞了一下都沒在意。

珍妮走進教室碰到老師，「珍妮，你仰起頭來真美！」老師拍拍她的肩膀輕聲地說。那一天，她得到許多人的讚美。她想一定是蝴蝶結的功勞，可往鏡前一照，頭上根本就沒有蝴蝶結，一定是走出店裡時的碰撞給弄丟了。

自信本身就是一種美麗，很多人卻因太在意外表而失去快樂。

〈自卑也是一種力量〉

我們常常會被一些表面看起來彬彬有禮的人所迷惑。他們舉止溫和，卻不平易近人；他們在各種聚會中寧願站在不顯眼的地方，對牆上的油畫表現出莫大興趣；他們喜歡獨自一人喝茶看書，卻拒絕加入各種社交活動中……，其實他們只是感到自卑而已。

史丹福大學的心理學家菲力浦・辛巴達博士曾做過一項有關自卑的調查，在 800 位受訪者中，有高達 40% 的人認為自己很自卑，82% 的人反應說自卑感是種不愉快的體驗，85% 的人則很樂意

努力去克服。

長此以往，「自卑」一詞在人們心中均以一個貶義詞的身份出現。印度詩人泰戈爾曾說過：「我們把世界看錯了，反說它欺騙了我們。」這話說得有趣，事實上，人們往往是由於把事情看錯了，即出現了認知偏差，從而產生自卑心理。

有時我們會犯這樣的錯誤：他人的成功是一種必然，而自己事事不如人，即使獲得成功也是一種偶然，只是運氣好的緣故罷了。當然，這是一種透過比較產生自卑的表現。

一般來說，人們透過兩種管道來認識自己：「反思自我」和「鏡像自我」。《論語》中有「吾日三省吾身」之說，即為反思之意。而鏡像自我是指透過他人對自己的評價來認識自己，這也是一種比較的知覺形式，心理學上將這種「比較的知覺」稱為「投射」。

宋代有一位禪師叫作無門，他對門徒說：「青天白日，切忌尋覓，更問如何，抱賊叫屈。」意思是說，我們心本來是如青天白日一般澄明，可當我們把眼睛盯住別人時，到頭來就一定煩惱苦悶了，這就像是自己明明抱著賊物，卻還要到處喊冤叫屈一樣。

人際關係大師卡內基在《人性的弱點》中提出「沒有別人」，這與無門禪師的說法也有相同的意思，二者皆說明一個道理，即不要做無謂的比較。眼睛盯著他人的長處，時刻在意的卻是自己的短處，這樣盲目的比較註定是沒有結果的。這種非對應的投射讓比較者在構建自我形象時，會無意識地在認知中低估自己的能力。

其實自卑還有另一種表現形式。海爾的創始人張瑞敏有個「鴕鳥理論」：一個人在評價自己的能力和貢獻時，總覺得自己是鴕鳥，別人是雞。若有一天，他有幸看到真的鴕鳥時，他會說，噢，這隻雞比我大一點！這個理論與社會心理學中的「歸因理論」有異曲同工之妙，意即一個人常常把自己的成功歸為自己的努力，

而把失敗歸咎為運氣不好。然而，這並非是一個人在心理上獲得成功，產生自信的表現，相反地是對自己自卑心理的一種掩飾。

又如魯迅筆下的阿Q，他將精神勝利法可謂用到了極致。阿Q一度用這種方法使自己受傷的心理得到補償，但我們卻不可以說阿Q是一個極為勇敢自信，面對辱罵、指責還可以做到談笑風生、恬淡自得的人。阿Q雖然可以用此法來平衡趙老爺、丁舉人或者是酒客等人對他的心理傷害；但對於弱者，阿Q卻將自己所受的侮辱如數轉交給他們，甚至從中獲得成功和喜悅。可見，阿Q的精神勝利法是不能正確看待、接受自己的反應，是對自己自卑的掩飾，事實上也是自卑的最佳表現。

在現實生活中，當我們看到由於自卑而產生的種種壞處時，我們也會努力透過各種技術手段，嘗試各種方法來提高自信、追求成功。然而有一點會被我們所忽視：自卑與自信是人性格中的兩面，恰如一枚銅板的兩面。

對我們而言，自尊是一種高級需要，自尊的滿足會導致自信，會讓我們覺得自我有價值、有力量、有地位。如果自尊受到挫折，我們可能就會感到自我的無能與弱小，產生自卑。

心理學家阿德勒在《超越自卑》中寫道：當個人面對一個他無法適當應付，並且絕對無法解決的問題時，便會出現自卑情結。於此，作家周國平也有這樣的論斷：「世上有兩種人最自信，『無所不知者』和『一無所知者』。」浩然天宇，我們不可能窮盡所有而達到無所不知；生於社會，我們更不可能遮起耳目而一無所知。因而，自卑心理的出現是一種必然，而並非偶然。

希臘大教育家蘇格拉底曾說：「我只知道一件事，那就是我什麼也不知道。」這是他的自謙，也可以說是在闡述一個道理：徒有自信而無自卑，就會變得忘乎所以，飄飄其然。適當的自卑如同適當的自信一樣，會在我們通往成功的路上多一些成功的籌碼。有時候，自卑也是一種力量。

　　自卑的意義首先在於它能夠促使我們對自我作出一種冷靜的剖析，促使我們努力。一個人不難走向自信，人的天性中便有一種自尊自戀的因素，我們可以透過各種方式，逐步實現自我超越，從而走向自信。但我們往往也會因為成功而變得自以為是。中國有句古話「良藥苦口利於病，忠言逆耳利於行」，但對逆耳忠言要做到秉心氣和並非易事，我們真正難以做到的是時刻認識到自己的生命不完整、不完美，從而保持一種心境的謙和。而自卑則是保持這種謙和的良方。

　　央視名嘴白岩松是我們很熟悉的主持人，台前的他口若懸河，思維敏捷，觀點新穎精闢。然而在一次訪談中他卻說：「因為我自卑，所以我努力。」他說自己兒時因為口吃而特別自卑，甚至不敢與別人交談。

　　為了擺脫這種困境，他下定決心對著鏡子反覆練習，直到能流利地說出一口字正腔圓的普通話。可以說，這點自卑之心讓他時刻清醒地認識到自己的不足，並以此作為奮進的動力。這種謙和的心態也是他能全面認識自己的基礎。唯有做到謙卑，方能真正悅納自我，以求成功。

　　奧地利小說家卡夫卡也是因自卑而奮起的典範。卡夫卡出生於布拉格一個猶太商人家庭，他的父親性情暴躁，而且非常專制，這使卡夫卡從小就形成了敏感多疑、憂鬱孤獨的性格。事業最不順的時候，他甚至說：「巴爾札克的手杖上寫著『我粉碎了一切困難』；我的手杖上寫著『一切困難粉碎了我』。」但是，卡夫卡並沒有放任這種自卑和絕望。相反地，他把超越自卑作為自己的目標，終於寫出了《變形記》《城堡》這樣優秀的小說，成為西方現代派文學的鼻祖。

　　古人說「三人行，必有我師焉」，也是同樣的道理。正因為看到了自己的缺點，認識到他人的長處，我們才會不恥下問，才會奮起直追。同樣，卡夫卡看到了自己的缺點，並能正視自己的

弱處，以一種積極進取、謙卑的心態來經營生活，反省自我，從而走出了一片柳暗花明。可以說，保持一點自卑之心是一種「退一步」的智慧，是一種銳意的進取。

宗教的教育也可以理解為以敬畏為主的教育。這種敬畏讓人覺察出自己在未知事物面前的渺小，讓人對自我能力產生懷疑，從而有所節制。適當的自卑也能讓我們變得有所敬畏，這種敬畏包括驚奇、神秘、震撼、恐懼等諸多情感體驗。人生的許多問題都是因為無所顧忌而引起的。適當的自卑感能使我們對未知的事物，對已有的法律權威等產生敬畏，促使人向善，促使人珍惜生命。這也是自我修養的途徑之一。

對自然力量的敬畏，對自我生與死的思索，使我們的生命逐漸豐富起來。《我與地壇》的作者史鐵生是將這種自卑和敬畏理解的最深刻的人。對於自己後半生的輪椅生活，起初他是惱怒而自卑的，但在與自然的對話中，他領悟到了人生的真理。

他整天待在地壇，從朝霞初造成暮鳥歸林。或者聽秋風捲起的綿長詠歎，或者聽天空中劃過的嘹亮鴿哨，或者看樹葉四季的輪迴，或者從匆匆而過的路人身上品讀歲月的痕跡。他說，死亡是上天的安排，因而「死是一件不必急於求成的事」。平平淡淡的話語道出的是對生命的敬畏和珍視。詩人阿娜伊絲·尼恩說：「真正活著的人是不怕死的。」這也是對史鐵生的自卑與敬畏作出的最好的詮釋。

當然，人生不能過於自卑，過分的自卑會打倒一個人的毅力和勇氣，但也不可盲目自信，盲目的自信容易使人狂妄，從而阻擋了前進的道路。將適當的自卑與自信相結合，用自卑探照自己的性格、知識、才華的黑洞，用自信尋找走出迷途的道路。

目標不明確的茫然

■ 真實案例

「獨在異鄉為異客，每逢佳節倍思親。」在踏上行程的那一刻，我們都知道，在將要去的那個陌生的地方，沒有熟悉的風景，沒有認識的朋友，甚至沒有一盞熟悉的燈會為你打開。陌生的地方，我能做的，就只有努力的工作、學習。

和大多數人一樣，看到別人在大城市裡混得如魚得水，我也忍不住想來闖一闖，想要幹出一番事業。如今，來到這裡五年多了，最初的夢想已經不知道去了哪裡，大學時的計畫已經變成泡影。每天日復一日地應付著工作，早已不知道目標是什麼。

我也不再喜歡我所喜歡的文字，每天都在為了生活奔波，時間總是過得匆忙，哪裡有空培養興趣愛好？就好像現在我也不能平靜地寫點什麼，似乎有一種無形的力量在催促著我停下正在打字的手指，把我趕到一個封閉的世界，那裡只有家人的期待和朋友的成就，我被壓力折磨得動彈不得。可是人生的道路才剛剛開始，我豈能放下我前行的步伐，於是只好繼續這平淡麻木的生活。

閒下來的時候，我總會思考我還要在這裡待幾天。漸漸地，我愛上了香煙，愛上了啤酒，愛上了寂靜，愛上了星空，愛上了黑夜，但我卻愛不上這異鄉不屬於我的每一寸土地。

在喧囂的大城市中奔波，疲憊的不只是身體，還有心靈。當我聽見歌裡唱道：「青春如同奔流的江河，一去不回來不及道別，只剩下麻木的我沒有了當年的熱血。」迷茫的我望著窗外霓虹閃爍，我的未來，到底在哪裡？

深度分析

你是否也曾獨自在黑夜裡迷茫徘徊過？是否也忘記了當初的夢想？是否也在每天忙碌奔波卻從未停下來思考過？

人們總是習慣加快步伐、加快生活節奏，卻從不停下來想一想忙碌的目的。有人說，夢想就是放在夢裡想一想。當然，這只是一種調侃。可是調侃背後，我們是不是也該反思一下，每天頂著巨大的壓力辛苦忙碌到底為的是什麼？

哈佛大學有一個著名的關於目標對人生影響的跟蹤調查，調查對象是一群智力、學歷、環境等條件都差不多的年輕人，結果如下：

* 3% 的人：有清晰且長期的目標。25 年來，他們從未改變過目標，總是朝著同一個方向不懈地努力，25 年後他們幾乎都成了社會各界的頂尖成功人士，他們之中不乏創業者、行業領袖、社會精英。

* 10% 的人：有清晰的短期目標，這些人大都生活在社會的中上層。他們的共同特點是：不斷完成預定的短期目標，生活狀態步步上升，25 年後，他們成為了各行各業不可或缺的專業人士，如醫生、律師、工程師、高級主管等。

* 60% 的人：目標模糊，他們能安穩地生活與工作，但都沒有什麼特別的成績。

* 27% 的人：25 年來都沒有目標，他們幾乎都生活在社會的最底層，生活過得很不如意，常常失業，靠社會救濟。並且他們常常抱怨他人、抱怨社會、抱怨世界。

在現實生活中，有太多太多的人沒有目標。我們常常把別人的期待當成了自己的目標，在孩童時期，這幾乎是順理成章的事情。但是，隨著年齡的增長，我們逐漸形成自己的思想體系，無論別人的期望是怎樣的美好，它也不屬於你。

我們常常把世俗的流轉當成自己的目標。這一陣子崇尚錢，你就把賺錢當成了自己的目標。殊不知錢只是手段而非目的，有了錢之

後，我們也不一定就感到幸福和滿足，錢並不具備成為終極目標的資格。過一陣子流行美麗，你就把製造美麗、保持美麗當成了目標。殊不知美麗的標準有所不同，美麗是可以變化的，而目標卻是恆定的。

我們就這樣在家人的期望、朋友同學間的攀比中慢慢模糊了目標，無形中給自己增加了巨大的壓力，變得身心疲憊。於是，越來越多的人變得盲目、彷徨，總覺得「順其自然」就能解決一切。孰不知盲目奔波的結果，最終只是碌碌無為。

心理學家們研究發現，最長遠、最持久的快樂，來自於你的自我價值的體現。而毫無疑問，自我價值從屬於你的目標感。有了目標，內心的力量才會找到方向，漫無目標的飄盪終歸會迷路，你內心那座無價的金礦，也終因不開採而與平凡的塵土一樣。

因此，擁有清晰的目標是很重要的。目標不僅僅是人生航行的燈塔，更是我們前進的不竭動力。

■ 突破心法

你可以先給自己設定目標，在此，我們可以使用「爬山法」。

所謂「爬山法」，就是把目標劃分為小目標、中目標和大目標，在每一個目標完成後獎勵自己，以提升自信心，堅定意志力。

我們都是普通人，當給自己定下一個大的目標時，我們沒辦法整體性提高，所以我們需要設定小目標、中目標來完成。就像爬山一樣，誰也不能一步登天，我們需要一步步慢慢地往上爬。我們每前進一步都是完成一個小目標，等爬到山腰了，也就達到了中目標。

完成任何一個小目標，都是努力的結果，要繼續朝著中級目標前進。別忘了獎勵自己一下，可以用物質的形式（比如買個心儀已久的東西），也可以用自我暗示、自我鼓勵的方式（比如，每完成一個小目標，就告訴自己，自己是聰明、能幹、有信心戰勝困難的）。

人的大腦對這些獎勵的反應是很愉悅的，這不僅有助於提高你

的自信心，增加學習的樂趣，去除生活的煩悶，而且還有助於培養你的意志力。因為你所得的獎勵是透過你的努力換來的，這種延遲滿足感對意志力也是一種培養。

擁有了人生理想和目標，只要自己努力，不降低要求，慢慢地就會實現。貿易鉅子 J.C. 賓尼曾說：「一個心中有目標的普通職員，會成為創造歷史的偉人；一個心中沒有目標的人，只能是個平凡的職員」。那麼，從今天起，就給自己定下目標，努力前進吧。

Ψ 延伸閱讀 Ψ

〈認準北斗星〉

比賽爾是西撒哈拉沙漠中的一顆明珠，每一年有數萬名遊客到這裡來。可是，在肯萊文未發現它之前，這裡還是一個封閉的地方，這兒的人沒有一個走出過大漠。據說不是他們不願意離開這裡，而是嘗試了很多次都沒有走出去。

為什麼走不出去呢？肯萊文非常納悶，他雇了一個比賽爾人，讓他帶路，去找尋答案。他們帶了半個月的水，牽了兩峰駱駝，肯萊文收起了指南針等現代的設備，只挂了一根拐杖跟在後面。

十多天過去，他們走了大約八百多里路，第十一天的早晨，他們果然又回到了比賽爾。這一次肯萊文明白了，比賽爾人之所以走不出大漠，是因為他們根本不認識北斗星。

在一望無際的沙漠裡，一個人如果憑著感覺走，他會走出大小不一的圓圈。比賽爾方圓幾千里都沒有任何參照物，若不認識北斗星，又沒有指南針，想走出沙漠，確實是不可能的。

肯萊文在離開比賽爾之前，帶了上次和他合作的青年，他告訴這位漢子，只要你白天休息，夜晚朝著那顆星的方向走，就能走出沙漠。那位青年照著去做，三天之後，果然來到了沙漠的邊緣。這位青年成了沙漠的開拓者，他的銅像被樹立在小城的中央。銅像的底座上刻著一行字：新生活是從選定方向開始的。

＜小狗的目標＞

　　一對夫婦有兩個孩子，孩子還小的時候，父母決定為他們養一隻小狗。小狗抱回來以後，他們想請一位朋友幫忙訓練這隻小狗。在第一次訓練前，女馴狗師問：「小狗的目標是什麼？」夫妻倆面面相覷：「……一隻小狗的目標？那當然就是當一隻狗了。」女馴狗師極為嚴肅地搖了搖頭說：「每只小狗都得有一個目標。」

　　夫婦倆商量之後，為小狗確立了一個目標——白天能和孩子們一道玩，夜裡能看家。後來，小狗被成功地訓練成了孩子的好朋友和家中財產的守護神。

　　這對夫婦就是美國的前任副總統高爾和他的妻子迪帕。他們牢牢地記住了這句話——做一隻狗要有目標。推而廣之，做一個人更要有目標。

「高配置」讓我力不從心

真實案例

在這個房價飛漲的時代，有沒有房子似乎已經成為評定一個人是否成功的標準之一，但同時，也出現了越來越多的「房奴」，朋友小 K 就是其中之一。

在父母的幫助下，小 K 買了一套 40 坪的房子。首付 200 萬元，還有近 600 萬元的貸款，貸款 15 年，每個月還款 30,000 多元，超過了他薪水的一半。

最初，他認為這是為了未來投資而滿懷自信，每天工作都幹勁十足，想像自己在不斷向成功邁進，女朋友也十分滿意，覺得自己的未來有了保障，兩人感情更好了。

然而好景不長，一年之後，小 K 便覺得生活太吃力，壓力太大。他常對我訴苦說：「我住的是大房子，生活品質卻每況愈下。想去旅遊吧，一想到休假會減少收入就趕緊喊停；什麼演出活動，根本想都不用想，動輒幾百塊的票價我會自動換算成房貸；和女朋友去看個電影，都要挑選打折日……。」

漸漸地，女朋友也開始抱怨，她希望他們能早日買上車，要求小 K 升級自己的一切配置，希望能過上和大房子配套的生活。這些要求小 K 根本達不到，無休止的爭吵隨之而來。

最後，他們還是分手了。小 K 說：「我常常想，我真的需要這樣一間大房子嗎？我需要把自己的人生變得這麼悲慘嗎？這真的是我所追求的生活嗎？如果沒有這間房子，我的生活又會是怎麼樣的呢？」

■ 深度分析

微博上流傳著一個段子：「一部高檔手機，70% 的功能都是沒用的；一款高檔轎車，70% 的速度都是多餘的；一棟豪華別墅，70% 的房間都是空閒的……。」讀完你是否也恍然大悟：哦，是這麼回事！

在這個物質膨脹的年代，我們對生活品質的要求越來越高，要有房子，要有豪車，要有高檔手機，更要有最高級的電腦，我們的「需求」一發不可收拾，這些「需求」往往也成為壓力的來源。

自從買了房子，小 K 的生活品質逐漸下降，原本寬裕的生活變得拮据，處處都要為房貸讓路，女朋友想要的「高配置生活」更是讓他壓力重重、疲憊不堪。這樣的日子，真的能給人帶來幸福感嗎？

哲學家蘇格拉底曾說，當我們為奢侈的生活而疲於奔波的時候，幸福的生活已經離我們越來越遠了。有追求固然是好的，但是追求過高就成了奢求，心有餘而力不足就會變成一座山，這無形的壓力令你喘不過氣！環視一下自己，在那高配置的生活裡，有多少資源是在角落裡閒置、浪費著的？

在這個充滿選擇，慾望不斷擴張的世界裡，學會辨別與放棄，適當地低調一點，釋放一些壓力，這不是落伍，而是你懂得掌控自己的人生。生活本來很簡單，但在我們的過分攀比中，它變得複雜、兇險、沉重了，追求完美的陰影裡，蜷縮著無數卑微的小靈魂。

當我們不斷追求「高配置」時，應該想一想，這些真的是我所需要的嗎？不要像小 K 一樣，最後只能抱怨「都是房子惹的禍」。

■ 突破心法

想讓生活簡單化，就必須擺脫高配置的陰影，讓生活「低配化」。首先，要思考清楚，對於你和家人來說最重要的是什麼，並盡一切努力去實現它，在此基礎上，根據你的需求去配置自己的生活。配置合理，滿足需求，壓力也就隨之消失，取得一點微不足道的成績也會令你心情舒暢。

　　後來，小 K 把大房子換成了一處 20 坪的小公寓，「我的房子變小了，空間反而更大了，我的理想有了更多的儲存空間。」他說。其實，把身段放低一點，要求降低一點，空間縮小一點，同時，對自己寬容一點，每一次小小的成績，都會帶來大大的成就感，心態也隨之變好，生活也會更加遊刃有餘。

　　「追求完美」的心態直接導致的就是經濟壓力。緩解經濟壓力最快捷的方式是天下掉下一大筆錢（比如中樂透），能夠滿足你的所有物質需求，但這通常是南柯一夢。

　　其實中國人的溫飽問題已基本解決了，只是更高級的物質需求一時沒有得到滿足。人的需求可分為合理的與不合理的。合理的需求再分為現實的與不現實的。合理而現實的需求又分為近期可實現的、中期可實現的、遠期可實現的。

　　建議你把所有物質需求做一個清單，根據現時的收入與職業發展前景，把清單上的物質需求分別列入上列分類中最恰當的位置。不合理的把它剔除掉，太遙遠的事現在還不用操心。從近期可實現的需求開始，一項一項去努力、去奮鬥吧！

Ψ 延伸閱讀 Ψ

＜夠用就好＞

　　有一個人在河邊釣魚，他釣了非常多的魚，但每釣上一條就拿尺量一量。只要是比尺大的魚，他都丟回河裡。

　　旁人見了不解地問：「別人都希望釣到大魚，你為什麼將大魚都丟回河裡呢？」這人不慌不忙地說：「因為我家的鍋只有尺這麼寬，太大的魚裝不下。」

　　不讓無窮的慾望攫取己心，「夠用就好」也是不錯的生活態度。當人們在吃到飽的自助餐廳，毫無忌憚地暴食時，更應該注意自己的身體健康。

＜何為幸福＞

英國某小鎮有一個年輕人，沿街為小鎮的人說唱維生。小鎮上有一個華人婦女，遠離家人在異國打工。他們總是在同一個小餐館用餐，於是屢屢相遇。

時間一長，彼此已十分熟悉。有日，那個婦女關切地對那年輕人說：「不要沿街賣唱了，去做一個正當的職業吧。我介紹你到中國教書，在那兒，你完全可以拿到比你現在高得多的薪水。」

小夥子聽後，先是一愣，然後反問道：「難道我現在從事的不是正當的職業嗎？我喜歡這個職業，它給我、也給其他人帶來歡樂。有什麼不好？我何必要遠渡重洋，拋棄親人，拋棄家園，去做我並不喜歡的工作？」

鄰桌的英國人，無論老人孩子，也都為之愕然。他們不明白，僅僅為了多賺幾張鈔票，拋棄家人、遠離幸福，有什麼可以值得羨慕的。在他們的眼中，家人團聚、平平安安，才是最大的幸福。幸福與財富的多少、地位的貴賤無關。

於是，小鎮上的人，開始用可憐地眼光看待那位婦女了。

不存在的敵人

▰ 真實案例

瑪麗是個聰明的女孩，從小就是班裡的「優等生」，學習成績一直名列前茅。由於成績突出，高考時申請了美國的高校並順利錄取，開始她的留洋生活。取得博士學位後，瑪麗決定回國，到某高中任教。

如今，瑪麗回國已三、四年，在學術上很有造詣，已經在國外核心期刊上發表過數篇論文。學校對她也十分認可，把她作為學術界的菁英，不久前剛剛被破格提升為教授。

雖然成績斐然，事業蒸蒸日上，感受到越來越重的壓力。她覺得周圍的同事都在暗暗和她較量，爭相搞研究，撰寫論文，有的人發表的論文數比她還多。

不僅如此，瑪麗總覺得有人在背後評論她，說她是靠文憑才得到現在的位置，其實水準不過如此，有時候甚至會出現幻聽，這讓瑪麗難以忍受。久而久之，她便有種自己在被這些沒有高學歷的同事攆著跑的感覺，而且越來越喘不過氣。

從一年前開始，瑪麗就發覺自己一到學校就會不時感到心慌、氣悶，尤其是作學術報告時，有時講著講著就會胸悶，甚至頭暈，有幾次差點說不出話來，希望儘快逃離講臺。

但在外出遊玩時，這些症狀從沒出現過。瑪麗擔心自己心臟出了問題，就去醫院做檢查，卻發現心臟功能完全正常。醫生在了解情況後，建議她去心理科看看。

■ 深度分析

相信很多人都曾有過自己樹立假想敵的經歷，這個人可能是朋友、情敵、同事、父母。在成功人士中，許多人透過樹立假想敵來激勵自己，從學生時代、到工作、到成為專家、管理者，每個階段都有一個假想敵。

所謂「假想敵」，就是根本不存在的敵人，只是內心虛設的一個對手，而且會花費大量的心理能量同這個對手作戰，並且在不經意間把這種鬥爭的心態帶到現實生活中來，影響自己的生活。

我們看到，瑪麗在工作中樹立了很多假想敵，覺得周圍的同事都在和她競賽，時時刻刻都在等待時機超越自己。這在某種程度上可能是真實的，但更可能是被她放大的假像，是她自己內心世界的投射。人們之所以設立「假想敵」，其實就是缺乏自信的表現。

從表面上看，瑪麗蔑視同事，其實心底或許是懼怕他們的，懼怕自己這個「海龜」還不如沒留過洋的人。正因為這種擔心「自己不如別人」的自卑心理始終折磨著她，她才越發苦惱。瑪麗真正的敵人不是別人，而是自己莫名的恐懼。

這類人一般很難接受自己的陰暗面，也很難接受他人比自己優秀。如果內心長期設立「假想敵」，就會消耗心理和生理能量，最終消滅鬥志，阻礙個人發展。長此以往，不僅身體健康會受到影響，工作也會變得更糟糕。

在職場中，我們常會見到這樣的一些人：在外人的眼光中，他們或許很優秀，但對自己要求很高，似乎一直都處在尋找對手、充滿戒備的心理狀態之中。

於是，他們總是很自然地把周圍環境中可能的每一個「對手」都當成「假想的敵人」。久而久之，他們覺得，自己好像在被這些「敵人」攆著跑，稍一停頓，就有可能會被超越和取笑。變本加厲的競爭，使他們深深地陷落在假想敵的想像之中，一旦面臨失敗，就彷彿人人

都在嘲笑自己。

其實，身在職場，同事之間無可避免地會存在競爭和利益關係，那些比較孤僻、自恃清高、不善合作的人最有可能把一些相對優秀、和自己水準相當的同事視為競爭對手。

說到底，「假想敵」存在的根源就是競爭，以及競爭帶來的心理防禦機制。很多人可能都遇到過類似的問題，但不用擔心，只要我們正確對待「假想敵」，勇敢面對自己內心的恐懼和猜疑，就一定能夠戰勝自己。

■ 突破心法

假如此刻的你正忙著和「假想敵」較勁，應該調適一下心態了。想想看，如果你一味地追求精神上的自我滿足去和想像中的敵人較量，即使你戰勝了又如何？現實中的你們其實還是一樣，沒有一絲變化。與其自我鬥爭勞心費神，何不放寬心態接納自己、也接納別人？

每個人都追求上進，渴望被肯定，但很多時候我們都可以自我肯定，而不需要總找別人競爭，以戰勝別人來肯定自己，這是不可取的。當然，也不要把自己的失敗歸結在無辜的同事身上，謀事在人，要多反思自己的錯誤，總結經驗才能取得進步，不重蹈覆轍。

「假想敵」的出現，可以是對你工作的一個提醒，若你把他當成朋友，那麼你將會發現，比起把他當敵人更有利於自我成長和工作進步，能夠更好地提升自我。

Ψ 延伸閱讀 Ψ

＜處處設防的蘆花雞＞

一發現了豐盛的食物，雞群都撲了過去，一個個瘋狂啄食，緊張得連頭都顧不得抬一下。蘆花雞得到一片菜葉，迅速鑽出雞群，向遠處惶惶奔去。雖然並沒有誰來追逐搶奪，牠還是擺出誇張的防禦動作，直至跑到僻靜的牆角，才將菜葉吞進肚裡。

看到同伴們仍在美餐，蘆花雞又連忙往回跑，剛剛到達，食物已被瓜分淨盡，同伴們愜意地四處散去。

看著蘆花雞失落的神情，雞媽媽心中很不是滋味。蘆花雞是牠最疼愛的孩子，每次發現了食物，蘆花雞都最活躍，可就是得到的食物最少，長得也最瘦弱。

雞媽媽將蘆花雞喚到身邊，愛憐地問道：「孩子，每次吃食物時，你總要銜著食物亂跑，這是為什麼呢？」

蘆花雞臉色發紅，不好意思地回答：「媽媽，不知怎麼回事，我害怕別人和我爭搶。」

雞媽媽不忍心責怪蘆花雞，就說道：「透過我的觀察，其他同伴都在埋頭爭取盡可能多的份額，並無意搶奪屬於你的那份。倒是你虛構的假想敵，造成了自己的損失呢。」

蘆花雞的臉更紅了。

常山孺子曰：許多時候，人們並非敗於對手的競爭，而是敗在自己的狹隘上。

心靈背上沉重的十字架

▌ 真實案例

S 從小便失去雙親，出生時母親因心臟病去世，5 歲那年父親又出了車禍，一直以來都是由姑媽撫養長大。

對於 S 來說，自懂事起姑父姑媽就是自己最親的人，每天送她上下學，起早貪黑地給她做飯洗衣服、關心照顧她，就像親生父母一樣。姑媽家有個比 S 小 3 歲的弟弟，在 S 眼裡，姑媽總是向著自己，對自己的寵愛甚至超過了弟弟。然而這種寵愛卻並沒有讓她覺得幸福快樂。

自上學起，S 就幾乎沒有週末，學畫畫，學跳舞，學鋼琴……，姑媽給她報了各式各樣的培訓班，玩的時間少得可憐。為了得到姑媽的肯定和讚揚，她拼命努力，生怕自己做得不好讓姑媽失望。壓力不知不覺在她的心裡慢慢滋生。

S 從來都是沿著姑媽的期望、遵循著她安排的軌跡前進，直到考大學時，她們第一次出現分歧。S 一直以來的夢寐以求的職業是教師，所以想報考師範類院校，希望以後能夠教書育人；然而姑媽卻希望她考清華北大，讀她不喜歡的理工科。經過許久的爭執，S 還是妥協了，考到一間重點大學的電腦系，姑媽如願以償，S 卻始終都開心不起來。

時光飛逝，如今 S 已經在一家電子商務公司工作 2 年了，上司很看好她，時常鼓勵她並且適當地給她安排工作，不但讓她積累了更多的工作經驗，也提供了更好的學習機會。

然而，工作後的 S 卻倍感壓力，一方面來自工作，由於不是自己擅長的專業，她總覺得有些自卑，覺得自己什麼都做不好，加上上司的看好，她很怕讓自己的上司失望；另一方面，更多的壓力則來自姑媽的期望，姑媽希望她能在快點升職加薪，總是督促她努力工作。

然而，S 早已經力不從心，業績畢竟是慢慢積累的，況且她也一

直在進步。可是姑媽卻不這麼認為，她總覺得沒有達到自己心目中的目標就是 S 不夠努力。

現在一想到姑媽，S 就倍感壓抑和失落，她很想報答姑媽的養育之恩，不願看見姑媽失望的眼神，但她也想過自己想要的生活，而不是一輩子都活在別人的期望和壓力下。越發不知所措的她工作一團糟，並且變得心煩易怒，業績下滑得很厲害，讓器重她的上司很失望。

▉ 深度分析

你是否曾被別人的期望壓得透不過氣？是否曾爭取為自己而活？

期望，即他人對你寄予的希望。有期望固然是好的，說明你的潛力和實力能夠被發掘，是他人對你的一種信任，也是一種鼓舞。很多時候，正是有了期望我們才得以進步，擁有前進的目標。

但是，現代人普遍存在一個問題，即對他人期望值過高，尤其在父母對孩子身上體現的最為明顯。每個父母都望子成龍、望女成鳳，都希望自己的孩子比別人過得好，於是有各種要求：從上學時的分數、名次，到工作中的行業、職位，甚至成家後的房子、車子，無一不成為他們制訂目標的項目。

假如孩子達不到他們的要求或期望值，便大感失望，甚至責備埋怨孩子。原本善意的期望在日積月累中，變成一個個沉重的包袱，變成孩子心頭上的一座座大山，壓得他們喘不過氣又不得反抗。

從小到大，S 一直都活在姑媽的期望中，為了達到目標她不惜一切代價，即使再累也從不抱怨，怕自己辜負了姑媽的養育，讓她失望。不得不說，姑媽的做法確實有些極端，每個人都有自己的優缺點，有各自擅長的事情和不同的喜好，硬逼孩子按照自己的想法去做顯然是不對的。父母們常常打著「都是為孩子好」的旗號提出各種要求和目標，但這些要求和目標如果不切實際，往往適得其反。

工作中，我們也時常遇見這樣的情況：越是得到了老闆或上司

的重視，壓力就越大，患得患失，生怕做錯事情讓老闆失望，丟了飯碗。然而，往往越是這樣，就越容易犯錯。

從上述案例中我們不難發現，期望的前提是一種善意，不論父母還是上司，都是因為「看好」你才對你有所期待，出發點都是好的。那為何這種善意逐漸演變為壓力了呢？

原因有二：

(1) 我們過於看重別人的期望，而忽略了期望背後的善意和努力的過程。只看結果，達不到目標時，便產生失落感甚至自卑情緒。

(2) 對於他人的期望並沒有多加考慮，許多人盲目地就把它當作自己的目標，從不想想這是否符合實際情況、是否適合自己，只是一味地跟著別人的期望走。

因此，只有正確對待他人的期望，才能使之成為一種動力和轉化為一種「正能量」，來幫助我們往幸福的方向前進。

■ 突破心法

如何才能不被期望所帶來的壓力束縛呢？

(1) 明確自己的目標

只有清楚明白自己想要什麼，才能不盲目被他人的期望牽著鼻子走。「沒有目標而生活，恰如沒有羅盤而航行」，只有充分掌握自己的航向，才能快速前進。

(2) 恰當看待他人的期望

我們之所以會被期望束縛，就是因為把它看得太過重要了，從而成為一種負擔；其實，盲目追隨他人的期望，不僅忽略了對自身理想的追求，更是給自己增加了包袱，讓自己前進的道路阻礙重重。

(3) 正確面對得與失、成與敗

勝敗乃兵家常事，即使沒有達到期望值也不應懊惱、自怨自艾。

每個人都有所長，有優缺點。失敗和挫折也許正是提醒我們反思自己，總結教訓的好機會，越挫越勇方能「直掛雲帆濟滄海」。

Ψ 延伸閱讀 Ψ

〈為自己而活〉

有一對兄弟，哥哥是知名企業的研究人員，弟弟是攝影師。

兄弟倆生長在同一個家庭裡，兩人的個性、口才截然不同。哥哥很會說話，很有上司能力，書也一直讀得很好，各方面才藝都很傑出，運動方面也很出色。弟弟跟哥哥念同一間學校，比哥哥低一個年級，壓力一直很大，老師們都會說：「啊，你是誰的弟弟對吧，你哥哥怎樣怎樣……。」

不只在學校有壓力，在家裡也一樣，闖了一點兒小禍，媽媽會不經意地說：「跟你哥哥學學，你哥哥從不讓我操心的。」拿了不怎麼樣的成績單回家，爸爸也會搖搖頭說：「咦？你哥哥沒怎麼念書，成績就很好呀，書有那麼難念嗎？」

他不是不努力，可是無論他怎樣努力，就是沒有辦法贏得「你跟你哥哥一樣優秀」的口碑。雖然他一直不服氣，但是，他心裡還是很以哥哥為榮的。哥哥一直光芒萬丈，像一座明亮的燈塔，而他只是一支虛弱的燭火罷了。哥哥考上明星高中，大學也念了第一志願。而他竟然連一間公立高中都考不上。

爸爸說：「好吧，家裡只要有一個人念大學，我就不算辜負老祖宗了。」所以讓他選了他唯一感興趣的高職美工科。

哥哥後來念了碩士，進入一家電子公司，成為科技新貴，讓父母引以為豪；而他高職畢業後發現自己對攝影比較有興趣，就應徵幾家公司，成為攝影師的助理。

爸媽對於他，好像形同「放棄」似的，只要他「現在可以養活自己，將來可以養活妻小就好了」。後來，他當上了某電視公

司的攝影記者，每天為了追逐新聞，跑來跑去，很少和哥哥聯絡。

二十九歲那年。有天，平常在科學園區忙得沒日沒夜的哥哥，忽然回到家來，對他說：「喂，爸媽要拜託你照顧了，我辭了職，想到法國去學現代藝術。」

哥哥說，他已經累積了足夠多的錢，前一陣子，他因為過度加班忙到昏倒，被從公司送到醫院，差點「過勞死」，這使他領悟到，人生有限，他不能一直為別人活著。三十歲了，他覺得自己有了足夠的積蓄，留下來的股票夠給爸媽養老，他想了很久，想要為自己活，選擇一條他真正想走的路。

啊？他聽得嘴都歪了。哥哥的夢想是學現代藝術？

「為自己活？」難道英明、不可一世的哥哥，不是一直都在為自己活嗎？哥哥那麼優秀，一直有許多選擇的權利，不是嗎？

「不，我一直活在別人的期望下，沒有辦法做我自己，」哥哥說，「我一直很羨慕你可以念美工科。以前看你在趕美術作業時，我都一邊在念教科書，一邊在嫉妒你。你真好，可以選擇自己的興趣，你那麼自由，那麼快樂。」

聽了這話，他三分驕傲，七分心酸。驕傲的是，他竟然曾經讓自己心目中的英雄暗暗羨慕過；心酸的是他知道，如果不是因為哥哥比他優秀那麼多，承擔那麼多父母的期望，他哪能夠安安穩穩地做自己。

從白領到剩女

▇ 真實案例

小張是典型的大齡白領，當婚介所的工作人員通知她來和一位男士見面時，三十出頭的她竟然滿臉的羞澀，她說直到現在她還沒有真正地相過一次親。

她上學的時候專心學習，從高中、大學、研究所再到工作，一直是忙忙碌碌。事業上是不錯，老闆器重，但是工作特別忙，加班是家常便飯，這樣一忙十多年過去了，等到身邊的同學朋友都「拖兒帶女」的時候，她才突然意識到自己也該結婚了。

坐公車、擠捷運看見可愛的寶寶總會逗弄一會，可是自己身邊的適婚男人屈指可數，更不要談孩子了。

她開始反思自己這些年到底是成功還是不成功，需要不需要把工作辭掉，換個輕鬆點的工作，騰出時間談戀愛結婚，完成人生大事。

▇ 深度分析

白領、單身、剩女，這幾個詞連在一起，估計哪個女孩也不樂意對號入座，可不樂意歸不樂意，生活就是如此。是什麼讓白領剩下了？你不能只一味地認為是白領的眼光高、條件多，所以找不到合適的人。

白領成為剩女跟一般的剩女不太一樣，她們常常本身非常出色，漂亮、能幹、獨立，不僅可以在都市叢林裡生存，還能活得非常好。但伴隨而來的問題就是，她們為這種地位付出了巨大代價，為了能夠獨立生存，她們將工作放在首位，或者說，被迫把工作當作生活重心。

如此一來，工作不再是為我們的生活服務，反而成為我們的生活本身，在這種情況下，有人就認為是工作讓我剩下的，但真是如此嗎？工作能夠滿足我們的物質需求，而戀愛能夠滿足我們的精神需

求。但讓人頭疼的是，無論工作還是戀愛，都需要我們花費大量的時間和精力，也就是說，你僅有一份時間，但必須選擇去幹什麼。每個人都必須做這樣的選擇，當白領們把全部的時間或者是絕大多數時間用於工作時，問題就出現了。

你必須透過加班來獲得職位上的晉升，但加班使得「睡覺」成為白領生活中最大的奢侈，只能利用週末和假日補眠，如果總是利用週末和假日睡覺，也就失去了參與各種聚會的機會，使得生活圈越來越狹窄，也就越找不到合適的人，不知不覺就形成了惡性循環。

當然，也不是說放棄工作，一心戀愛，就能擺脫剩女，到時候你完全依附於男人，不但愛情不一定長久，還會造成你與社會的脫節，說不定最後還得剩著。

首先必須肯定，白領剩女們的內心也想讓自己早點成為美麗的新娘，好讓敦厚的肩膀給自己一個穩定的依靠。現階段 30 歲左右的白領，大多是家裡的獨生子女，在婚姻方面，來自父輩的壓力特別大，因為父母總是希望小輩們在 30 歲之前成家，看到第三代。只是現實生活似乎告訴她們：人生只有靠自己，做一個獨立的女人才是最幸福的。但時間久了，逼近 30 歲或年過 30 歲時，發現這好像不全對，自己的生活缺東西了，並且內心渴望著。

心理學家埃里克森的人格發展八階段論中將 18 ～ 25 歲歸為成年早期，在這個時期產生了親密對孤獨的衝突，如果在戀愛中建立真正親密無間的關係，就會獲得需要的親密感，否則就會產生孤獨感。埃里克森認為，每一個階段都是不可忽視的，任何年齡段的失誤，都會給一個人的終身發展造成障礙。

這或許說得有點兒誇張，很多人持反對意見，我們姑且不討論對錯，但是不可否認的是，這一階段愛情的缺失對你的確造成了或多或少的影響。

很多白領說，我的要求不高啊，只要是一個懂我和喜歡我的人就行。請注意，你用的是「懂」，什麼人才能懂你？只有那些跟你有

一定共同語言，理解你的職業，甚至是走在你前面的人才能懂你。

假如他比你站得低，卻還是說懂你，你會覺得在敷衍，而男的會覺得和你在一起真是應了那句「女人心，海底針」。找一個既懂你，還要喜歡你的，那選擇的範圍就更小了。

除去人品和喜歡你，在懂你這個條件上，要求不能太苛刻，只要對方盡他所能理解你，並且嘗試懂你，你就可以考慮，因為這只是剛開始，以後時間長了，會達到你的要求的。

說到這裡，我們可以看一看，白領究竟是被工作剩下的？還是沉溺在習慣裡，不敢做出改變呢？我們是獨立而自主的個體，我們生活在現實的生活中，當生活把我們剩下時，去責怪生活是不客觀的。因為要看到，在背後操縱生活的，恰恰是我們自己，正是自己在主觀上的一些選擇左右了我們的人生。

■ 突破心法

(1) 別「按圖索驥」

「剩女」之所以成為「剩女」，每個人的原因不盡相同，但有一點可能是共同的，那就是在頭腦中先有一個模式，然後再到現實生活中找人。實際遇到的人只要有一點點與模式不符，立刻拒之門外，這就是按圖索驥。這樣的做法，不能說完全不可能如願，但最多只是小概率的事件。

(2) 耐心陪人吃一頓飯

30 歲左右的大齡女性中，最大的交友妨礙是她們已經變成了「試金石」，相親幾籮筐、閱人無數，把她們自己變成了火眼金睛的老油條。一見面，她一瞅就能知道這個人適不適合她，然後立馬就在心裡對自己說：瞧他那德性，喝咖啡那樣子，要我跟他過一輩子，我能跟他過一輩子嗎？然後立馬走人。或者吃飯的時候，只管吃，看都懶得看對方。

你就認認真真地陪人家吃一頓飯，反正你自己也得吃，不要看人

家一眼就想跟人家一輩子的事情，就算你想好了，人家還未必看你第二眼呢。所以你先好好陪人家吃完一餐飯，認真面對每一個機會，試著讓陌生人認識你，彼此才能有進一步了解的可能性。

(3) 給男人成長的時間與空間

心理學研究表明，男性的思想與人格成熟都晚於女性，而且男人恰恰是在與異性交往中，逐漸成長和成熟起來的。美國多位家庭問題專家曾經聯合撰寫了一篇報告，闡述婚姻的重要性，其中就提道：「在有同樣教育背景和職業經歷的條件下，已婚的男人賺錢比單身男人多，因為他們更需要表現責任心。」

(4) 該出手時就出手

人生並非是一條確定的直線，愛情與婚姻路上有種種不可預測的變化。尋尋覓覓一輩子，難說哪年出現的人才是真正的白馬王子。無論如何，人在愛情的取捨上，都要區分什麼是最佳的選擇與什麼是最適時的選擇。

前者是以最終結果來結算的，要求的是一輩子的最佳選擇，後者是以決策時機來結算的，要求的是某一刻的最佳選擇。決策學中有條原則，就是當我們無法斷定某個決策是否會帶來理想結局時，先寬慰自己：「我在此時此地，根據現有的條件，做出了令自己最滿意的決策。」

所以，等到幾時方是休？這永遠是一個謎。等，還是不等？則是你對人生最嚴肅的思考題之一。一般來說，只要你認真思考過了，你就對得起自己。

Ψ 延伸閱讀 Ψ

＜周立波關於剩女的語錄＞

⊙男人失敗是不願意花時間去選擇；女人則花太多時間選擇。

⊙過去找對象只看人品：這個人只要忠厚老實，沒蹲過監獄就可以。現在條件多了，蹲過監獄不要緊，但沒房子不行；有房位置不好不行；沒車不行；有車不是好車不行。

⊙現在談戀愛就像談生意。

⊙找老公就像找工作。

⊙剩女本身的特點：高學歷，高收入，高年齡；會找比她年齡大的，一般也有三高：高血壓，高血脂，高血糖。

⊙你去找個比你有錢的，事業比你成功的，人家怎麼會找你。如果你找個沒你成功、沒有錢的，人家找你幹什麼。所以進退兩難。

剩女的最終結局就是相親，卻有很多拒絕對方的理由：

（1）他居然是兄弟隊的球迷，太沒品位了，把他給踢了。

（2）他現在還跟父母一起住，太不成熟了。

（3）吃飯的時候他居然跟我 AA 制，太小氣了。

（4）他居然翹蘭花指，太娘娘腔了。

（5）他不愛說話，吃頓飯說四個字：你好，買單。

（6）他話太多，吃飯時大家都想聽他說話，還怎麼談戀愛啊。

（7）這個人太老實，見面時連我的眼睛都不敢看，沒出息。

（8）這個人太不老實，第一次見面就一直看我眼睛。

（9）他連紅燈都敢闖，這樣的人什麼事做不出啊，踹了。

（10）他連紅燈都不敢闖，這樣的男人有什麼出息。

剩女同胞們，我實在是服了，你們到底想怎麼樣？你們讓男人情何以堪呢？最後給剩女們一句箴言：看透自己才能看清別人，沒有明天的今天等同於昨天，昨天再美好，它只是昨天。

不想再做職場羔羊

■ 真實案例

大學畢業剛進公司，父母教誨說：「不要和同事斤斤計較，遇事自己多做點」。因此我總是小心謹慎，每逢節假日值班，只要誰開口，我都答應，為此不知浪費多少個假日，久而久之都變成值班專業戶了。

平時上班，我總是早早就到了，收拾檯面，打掃辦公室，只要誰說一句：「沒吃早餐好餓呀，有沒有什麼東西填肚子？」我就趕緊拿出自己買的點心，送到他們手上；炎炎夏日，我還經常買些冰鎮可樂帶給大家喝。我成了大家公認的「大好人」。

但隨著工作漸漸增多，我沒有再像以前一樣，幫他們跑腿，抱怨也就接二連三，有的還當著我的面尋開心：「擺什麼架子嘛？來來來，幫我把這份材料送到各個部門去。」、「嗨，去倉庫幫忙領一包影印紙過來，我們等著用呢！」礙於情面，我還是做了。

可是我也有自己的工作啊，天天被他們使喚，真的快受不了了，難道我就要這麼繼續被他們欺負嗎？我儼然就是一隻任由擺佈的羔羊，真想一衝動就不幹了！

■ 深度分析

辦公室裡存在一些隱形規則，俗稱潛規則，這些規則處於管理制度之外，常見於新老員工的交往模式中。職場新人往往需要承擔打掃、跑腿、加班的工作，而這讓現在的年輕人難以接受，覺得現代社會還存在這樣不公平的現象簡直不可理喻。從這個角度考慮的人難免會覺得心裡不平衡。

但試想，任何事物的運轉必然有其需要遵循的規則，職場也不例外，有規矩就需要人來遵守。那麼該由誰來遵守呢？當然非你這新人莫屬！這年頭能有企業願意接收新人，無論如何都是件值得慶賀的

事。此刻你的心情如何起伏根本不重要，重要的是你打算怎樣開始自己的職場之旅。

我猜想，在你腦海中多半會浮現出若干古訓，以及來自師長、前輩、厚黑學等多種教誨，內容差不多都是：要聽話、勤快、夾著尾巴做人啊。那些教誨必然有其道理。每個上司、前輩都是由新人過來的，這是職場的必然經歷。

有個故事是這樣的，一個外星人剛剛交了個地球人朋友。外面天氣十分寒冷，地球人把手放到嘴邊，不停地呵氣。外星人忙問為什麼要這樣做，地球人說：「天寒手冷，呵點熱氣，手可以變得暖和些。」

進屋後，他們一起吃飯。飯菜很燙，地球人夾起菜放到嘴邊吹。外星人又覺得奇怪，就問：「菜已經很燙了，為什麼你還要呵氣？」地球人說：「飯菜太燙，我把它吹涼。」外星人就說：「你這嘴一會兒出熱氣，一會兒出冷氣，我們們沒法成為朋友。」

在你剛剛抵達的職場上，你就是這樣一個外星人，因為你不了解陌生的人和事，也適應不了新環境。有些新人不屑於做瑣碎的事情。但是，別小看打水、掃地、擦桌子，許多人習慣從這些小事中品人。新人如果扎實堅持做這些小事，勢必能很快融入新環境。當有一個新專案或新機會時，大家就會首先想到與那些善於做小事的新同事合作。有了合作的機會，才有展示才華的平台。

一輩子掃地不好，一輩子一次地都沒掃過也不好！其實小事都是人生財富，可以幫助你提升生存的能力。換一個角度，與其抱怨和挑三揀四，不如讓我們快快成長，不再做新人！

突破心法

我們所處的環境中肯定有許多不公平、不合理、不適應、不近人情之處，這是任何有識之士都承認的事實。

我們到一個公司去工作就是進入了一個新的環境。新的環境，肯定有許多不習慣、不適應之處。職場新人就做新人該做的事，守該守的規矩。有些規矩並不合理，屬於潛規則，但它客觀存在著，我們就得適應這個環境，你也可以選擇走人，但另家公司也一樣有潛規則。只要這些潛規則不關乎我們的人格尊嚴，就要接受它。

接受的過程並不舒服，這也是一種歷練。就拿飲食來說吧，湖南人到了江南，對菜裡放糖感到極不理解，再苦再辣也沒關係，這麼甜，菜怎麼吃啊！江南人到湖南去也會感到不可思議，這麼辣！都進不了口，還讓不讓人吃。

但對我們來說，環境又是不可更改的事實前提。我們只能入鄉隨俗，不可能讓鄉俗隨我。如果我們對環境的埋怨能改變環境，那我們大家就一起去埋怨吧，埋怨可是件不費多大力氣的事。可惜的是，埋怨不能改變環境，不能解決問題。

怎麼辦？只能我們自己去適應環境。這是一個適者生存的世界，至少是適者能生存得更好，能佔有更多資源的世界。

如果我們的環境很好，我們應該感謝上蒼，感謝它賜予我們一個良好的生存環境。如果我們的環境不好，還要感謝上蒼，感謝它賜予我們一個磨礪意志、鍛鍊心理的機會，如果這樣惡劣的環境我們都能堅持下來，今後還有什麼樣的環境我們不能對付呢？

如果我們所處的環境惡劣，我們得看看我們周邊的人，他們在這個環境中生存得如何？如果他們活得挺滋潤的話，我們該反省自己，究竟是環境惡劣，還是我們的生存能力、適應能力不強？

現代人要培養自己的社會適應能力，要學會不同的生活方式、工作方式，如果總是與周圍的一切格格不入，煩惱就會接踵而來。

Ψ 延伸閱讀 Ψ

〈有壓力時做職場阿Q〉

上大學的時候，每每讀到魯迅筆下的阿Q，聽到那句名言「兒子打老子，媽媽的！」時，總是讓人忍俊不禁。大師的妙筆把這個人物的性格刻畫得惟妙惟肖，入木三分，給人以回味與啟迪。

如今，沿著大師的眼光去觀察周圍事物，在我們們的工作環境裡、辦公室的人群中，也有著各種各樣阿Q的影子。不信你瞧瞧這些人，聽聽他們的口頭禪：

⊙年終被扣錢的人說：破財消災。

⊙被老闆穿小鞋的人說：我們們走著瞧，早晚有一天……。

⊙被同事欺負後憤憤地說：不是不報，時候未到。

⊙被客戶欺騙後說：吃虧是福。

⊙白領佳人被追求者放棄後說：留得青山在，不怕沒柴燒。

⊙白馬王子求愛遭到拒絕後念叨一句話：天涯何處無芳草。

⊙老公是窮光蛋的女同事說：男人有錢就變壞。

⊙怕老婆的男同事說：有人管著好呀，啥事都不用操心。

⊙丟了工作的人說：我把老闆炒了。

⊙這次沒被提拔的人說：塞翁失馬，焉知非福。

⊙卸了任的老總說：無官一身輕。

⊙碰到電梯壞了說：爬樓梯也好，可以活動筋骨，延年益壽。

⊙電梯修好了說：坐電梯節約時間體力，工作效率更高。

⊙辦公室裝修後地板上都是疤，主任說：這樣防滑，安全。

工作輕鬆了，心情好失落

■ 真實案例

老周是某大型國企子公司的負責人，將屆 60 歲，他在這個位置上作了近 10 年，最近他發現自己越來越厭倦這份工作，原因是厭倦了整天響個不停的電話和巨大的工作壓力。

而導致老周換職位的導火線是春節去泰國旅遊的事情，老周好不容易抽出了一周的假期想好好地陪家人，但是從公司來的電話從第二天開始就響個不停，他真有點想把手機砸了的衝動。到了第五天，他實在忍不住公司人的催促，提前回了公司，整個假期都泡湯了。

沒過幾天，老周就找到了自己的上司，向他哭訴自己的工作辛苦，壓力太大受不了，想要換個輕鬆點的職位。上司也感受到了他的壓力，於是沒過多久把他明升暗降，調到總公司任工會主席。老周十分感激上司，他總算可以輕鬆輕鬆了。

但沒過多久，一個更嚴重的問題就出現了，他原來公司的高層人員到總公司開會，他也受邀出席。結果，他被安排在一個很不起眼的位置，與原來的待遇不可同日而語。看到這種情況，他頓時有一股強烈的失落感湧上心頭，心裡五味雜陳。

從此，他時常會陷入莫名的焦躁和煩惱之中，總是覺得自己在同事面前很沒面子，甚至覺得別人在私下偷偷議論自己。工作上也是拖拖拉拉、意志消沉、經常遲到外，也會抽煙酗酒。

■ 深度分析

「人有悲歡離合，月有陰晴圓缺，此事古難全。」老周在原先的職位上，最痛苦的是工作繁重，沒有休息時間，但是享受到的是尊重和權力。現在工作輕鬆了，有很多閒暇的時間來陪伴家人，享受生活了，但是卻失去了原有的尊重和權力。

老周真正的問題不是得到了什麼，失去了什麼，而是他心理上不能接受一個基本事實：當一個人得到什麼的時候，必會失去一些東西；或者說，當他遭遇其種痛苦的時候沒有看到自己所享受到的一切。

這個問題不是老周才有。人性的一個共同的弱點就是企盼得到自己沒有得到的東西，而對自己現在所擁有的一切卻不那麼珍惜，只有在失去自己現在所擁有的東西時，才倍感它的珍貴與不可替代。

有本荒誕小說叫《自殺俱樂部》，小說中的自殺俱樂部是專為準備自殺的人服務的，它讓你在自殺前享受所有的人間快樂。有兩個想自殺的青年男女在此相遇，在享樂人間快樂的過程中他們又相愛了。

不知不覺中，他倆都認識到自己自殺的想法很愚蠢並準備放棄自殺的念頭而繼續活下去。可惜的是，毒氣已經放了出來，想不死也不行了。在死亡面前，人生的一切真諦都突現在腦海中，但殘酷的現實是：雖然已經大徹大悟，但一切已為時過晚。

雖是荒誕小說，但讀來還是令人傷感。為什麼人們對已有的不珍惜，對沒得到的東西卻心馳神往？原因有三：

(1) 人類的需要具有永不滿足的特徵。舊的需要一旦滿足，新的需要立刻就產生。這是優點——它催人奮進，並推動社會不斷向前發展；但也是缺點——使人們的心態常處於失衡狀態。

(2) 人們通常傾向於看到已擁有東西的缺點、未得到東西的優點。把得到的看成是尋常、理所當然的；把得不到的看成是珍貴、美好的。

(3) 來自於人類生來具有的征服慾。人們太想「擁有」了，儘管他（或她）並不能消耗許多。「擁有」帶來的快感不是滿足實際需要，而是為了滿足自己的征服感。

凡此種種，導致人們總認為碗裡的飯菜味同嚼蠟，鍋裡的東西味道鮮美。古人早就說過：「妻不如妾，妾不如妓，妓不如偷，偷不如偷不到。」隨著人心成熟，以及已得到東西的逝去，才逐漸意識到曾得到過的東西是多麼的寶貴。武則天在年邁時對身邊的一個宮女說：我願意拿自己的全部權力與財富換取你的年輕。估計那個宮女肯定不是這麼想的。

珍惜我們現在所擁有的，感謝上蒼現在所給予我們的一切，細細品味其中的滋味，你的幸福感便會油然而生，你的心態就會平衡。

一個可能的晉升機會沒有得到，這絕不是什麼世界末日。我們不是有一個很溫馨的家庭嗎？我們不是有一個很可愛的孩子嗎？職務沒有上去，但責任也沒有上去，也不要老是出差、開會，生活不是很愜意嗎？珍惜這一切並充分享受，我們都會是生活中的成功者。

◼ 突破心法

老周得建立起一個觀念：「得」與「失」永遠是一對孿生兄弟，他們如影隨形，從不分離。這是人類社會從來不變的自然法則，誰也不能改變。

老周還要認識到：人老了，退出社會是必然的事。像現在這樣逐步退出應該是一個很好的方式。

人生不可能沒有煩惱，但不能自尋煩惱，老周就是個典型的自尋煩惱的例子。若想要真正的消除煩惱，解決自己內心的痛苦，就要看到所得，忘掉所失，心中的不平衡感、失落感自然會減輕，由其引起的失眠、憂鬱等症狀也會減輕。

要想自己心態好，要想自己活得幸福，謹記一條：現在擁有什麼就享受什麼，知足者常樂。

Ψ 延伸閱讀 Ψ

〈欲取先予〉

有一個人在沙漠中行走了兩天，突然遇到暴風沙。一陣狂沙吹過之後，他已不能辨別正確的方向，只能跟著感覺走。正當筋疲力盡，快撐不住時，他發現了一幢廢棄的小屋。

他拖著疲憊的身子走進了屋內。這是一間不通風的小屋子，裡面堆了一些枯朽的木材。他幾近絕望地走到屋角，卻意外地發現了一台抽水機。

他興奮地上前汲水，可任憑他怎麼抽水，也抽不出半滴來。他頹然坐地，卻看見抽水機旁，有一個用軟木塞堵住瓶口的小瓶子，瓶上貼了一張泛黃的紙條，紙條上寫著：你必須用水灌入抽水機才能引水！不要忘了，在你離開前，請再將水裝滿！他拔開瓶塞，發現瓶子裡果然裝滿了水！

他的內心，此時開始激烈地鬥爭——如果自私點，只要將瓶子裡的水喝掉，他就不會渴死，就能活著走出這片沙漠！

如果照紙條做，把瓶子裡的水，倒入抽水機內，萬一水一去不回，他就會渴死在這裡了——到底要不要冒險？

最後，他決定把瓶子裡的水，全部灌入看起來破舊不堪的抽水機裡，當他又一次抽水時，水真的大量湧了出來！

他喝足水後，把瓶子裝滿水，用軟木塞封好，然後在原來那張紙條後面，再加上他自己的話：「相信我，真的有用。」在得到之前，要先學會付出。

處處小心的她

■ 真實案例

曉雨是外貿公司的公關部助理。也許是由於工作性質的原因，經常要和公司上上下下的人打交道。她本身是一個謹小慎微的人，深知在人際關係的重要和人言可畏，所以她處處留心，生怕得罪了誰。

對每個人她都有求必應，笑臉相迎，從來沒有對周圍的人說過「No」，她本以為自己的為人處事可算得上是天衣無縫了，但不知為何，漸漸地她卻成了辦公室裡最受冷落的一個人。

她感到疑惑和委屈，因為她覺得自己沒有做錯任何事外，更因做了許多額外的工作，佔去大量的時間。一位要好的同事告訴她，原來正是由於她的過度隨和，別人覺得她虛偽、不可信。

另一方面，小王剛剛進入一家物流公司，工作很忙碌。有次老闆拿個資料給她，讓她修改，問她「有沒有時間，行不行？」小王為了給老闆留下好印象，答應了下來。到下班的時候，小王剛剛把自己的事忙完，還沒修改資料，老闆很不高興，對她的工作能力產生了懷疑。

■ 深度分析

做人難，難就難在處理那複雜而微妙的人際關係上，「人言可畏」這句話更是貼切。在資訊技術高度發達的社會，網路的力量令人膽寒。

陳凱歌導演的新作《搜索》講的就是在七天的時間裡，因為一件公車上發生的小概率事件，即一位年輕人不給老人讓座的事，被電視媒體和網路推波助瀾，十幾個人被捲入其中，他們的生活被迫脫離既有的軌道，甚至命運都被徹底改寫。

因此，就有人特別注重別人的看法，小心翼翼地做人，力求自

己做到讓所有人都滿意，對於別人的要求，幾乎有求必應。

但這麼做對嗎？這麼做能實現自己的預期效果嗎？其實這種為人處事的態度非但不聰明，還往往會使自己處於一個尷尬的境地。小王得到的是老闆的不賞識，而曉雨得到的是同事們的不理解。

我們不可能讓每個人都滿意，所以不要為所有人而活，單單忽視了自己。就像上文中描述的，大家不僅不感謝你，反而覺得你虛偽，使自己處於孤立無援的境地。

◣ 突破心法

我們很難或者說根本不可能讓所有的人滿意。如果你真能讓所有的人都滿意了，那一定還會有一個人不滿意，這個人就是你自己。這種事我們做不到，也傷不起。人際交往中少不了「拒絕」。

「拒絕」是少不了的，但「拒絕」也要講究藝術：

(1) 態度要堅決

不能因為對方說服而改變想法，因為這樣會讓對方認為有轉圜的餘地，對己對人都不負責任，甚至為彼此埋下不愉快的種子。

(2) 說明理由

充分說明自己拒絕的理由，這個理由要有理有據，而不是搪塞。

(3) 語氣要和藹

感謝對方在需要幫助時可以想到你，並且略表歉意。

(4) 如果有可能，答應部分幫忙

例如，我不能幫你辦成這件事，但可以幫你打聽這方面的資訊。

Ψ 延伸閱讀 Ψ

〈收起那把破傘〉

　　曾有人問美國華爾街四十號國際公司前總裁馬修・布拉，你是否對別人的批評很敏感？

　　他說：「是的，我早年對這種事情非常敏感。我當時急於要使公司裡的每一個人，都認為我非常完美。要是他們不這樣想的話，就會使我憂慮。

　　只要一個人對我有一些怨言，我就會想法子去取悅他。可是我所做的討好他的事，總會讓另外一個人生氣。然後等我想要補足那個人的時候，又會惹惱其他的人。

　　後來我發現，我越想去討好別人，就越會使我的敵人增加。所以最後我對我自己說：只要你超群出眾，你就一定會受到批評，還是趁早習慣的好。這一點對我大有幫助。從此以後，我決定只盡自己的最大努力去做，把我那把破傘收起來，讓批評我的雨水從我身上流下，而不是滴在脖子裡。」

　　要想人人都滿意實在很難。即使人人都滿意了，肯定有一個人不滿意，那就是你自己。況且，即使自己忍辱負重，也不可能讓大家滿意，倒不如我行我素，至少有一個人滿意，那就是你自己。

我的角色是什麼

■ 真實案例

某單位的一個科室來了一位新員工，第一天到科長辦公室報到，科長熱情地請他坐在沙發上，然後又給他倒了一杯水，接下來說了一番歡迎及鼓勵的話。

這位新員工心裡暖洋洋的，感到遇上一個好上司，平易近人、和藹可親。隔日起這位新員工正式上班了，科長還是每天給他倒一杯水。一個星期下來，他心裡犯嘀咕了，認為這科長很陰險，一定是他認為我該給上司倒水，我沒這麼做，所以使出這麼一個損招。……哇！給人倒杯水，居然也惹出禍來！

■ 深度分析

社會為每個角色規定了相應的行為規範。這些規範雖然沒有寫在紙上、貼在牆上，但誰要是違反了，必將受到懲罰。每個人有一個基本的角色，通常是以職業為標誌，如：教師、工人、公務員等。

但基本的角色不是固定的角色，人們除了扮演好基本角色之外，還需不斷變換角色，某種程度上來說類似於變色龍。變色龍可不是個好聽的字眼，被稱為變色龍的人，通常是狡猾者。然而，這種理解並不全面、公允，在社會生活中，我們需要不斷地變化，才能營造良好的生存空間。

也只有這樣，才不會違反角色規範，才能獲得社會的認可。比如說你是位老師，但僅限於課堂上。出了校門，你就是行人；走進商店，你就是消費者；到了家中，看到爸爸你是兒子，見到兒子你就是爸爸。

想像一下，如果你以同一種角色行為規範去面對所有的人，會導致什麼樣的結果呢？在你作為消費者的時候，卻以老師的身份對待收銀員，這合適嗎？以對待兒子的態度對待爸爸，這自然會受到

社會輿論的譴責；但以對待爸爸的態度對待兒子會受到讚揚嗎？

雅典奧運會結束後，CCTV 辦了奧運冠軍與文藝界明星連袂出場的晚會。那些明星們 10 個中有 8 個沒有把握好自己的角色。他們沒有意識到，昨天與明天，你可能是臺上的主角，而今天，你只是陪襯人。

你唱得、演得是好，但全聽你唱，全看你演，要那些奧運冠軍幹嗎？你知道今天的主題是什麼嗎？結果是，他們表演得越是賣力，觀眾就越是覺得噁心與反感。如果你是婚禮上的伴娘，就不能打扮得花枝招展，奪人眼球。因為你今天是配角，沒有你不行，但你太引人注目了就不好。

上文中的那位科長可能沒有惡意，但他的做法與其身份角色不符，最終招來的結果是：吃力不討好！是的，從來沒有一個規定說，吃力一定討好！做了你不該做的事，說了你不該說的話，就會吃力不討好！

所以，在角色不斷轉換的各種情境下，人們只有在進入新角色的那一刻就按新角色的行為規範行事，才是唯一正確的選擇。社會是一個大舞臺，每個人都在其中扮演一定的角色。

角色扮演的成功與否，直接關係到一個人的生活品質、社會關係狀態以及自我的內心感受。從諸多實例中，我們發現，許多職場人士的壓力 (尤其是工作壓力)，在很大程度上來自於工作中沒能正確扮演好自己的角色，即角色混亂。

我們在一個特定的時間、特定的場合，面臨特定的工作任務時，一定要把握自己的角色。該做的不去做，不對；不該做的去做了，也不對。該說的不去說，不對；不該說的說了，也不對。

甚至於你的服飾打扮、舉止動作，都要符合你的身份、角色。有些人常哀歎自己「吃力不討好」，在他們自己身上找原因的話，多為沒有把握好自己的角色。

■ 突破心法

生活中的角色扮演也是一門藝術，是否把握得好，會影響到你的生活品質，職場中更是如此。與上司相處時，你得牢記：你的角色是人家的職員。放聰明些，學會擺正自己的角色位置，在自己的職位角度上有節制地做事和做人，切忌輕易「越位」。

在工作中，「越位」對上下級關係有很大影響。下屬的熱情過高，表現過於積極，會導致上司偏離「帥位」，大權旁落，無法實施上司的職責。因此，上司，尤其是「武大郎」式的上司，往往會把這視為對自己權力的侵犯。

如果你是下屬，又時不時犯這樣的毛病，上司就會視你為「危險角色」，對你保持一定的警戒，甚至設法來「制裁」你。這時，即使你有意同上司配合，也為時已晚，人家已不願與你配合了。

同樣的道理，與下屬相處，你也得注意自己的身份、角色，否則也會無事生非。

在不同的時間、地點、條件下，把自己的角色把握得恰到好處，你做起事來就會感到很順，與周邊的人際關係也很協調，你就會有一個好的心情。

Ψ 延伸閱讀 Ψ

＜英國女王的故事＞

英國女王維多利亞與丈夫阿爾伯特相親相愛，感情和睦。妻子是一國之君，忙於公務，而丈夫卻不太關心政治，對社交缺乏興趣。有一天深夜，女王辦完公事，回到臥室，見房門緊閉，便敲起門來。

問：「誰？」答：「我是女王。」

門未開，再敲。

問：「誰？」答：「維多利亞。」

門未開，再敲。

問：「誰？」答：「你的妻子。」

門開了，維多利亞走了進去。

〈變色龍〉

在一片森林裡住著三隻蜥蜴，其中一隻覺得自己的身體和周圍的環境大不相同，沒有安全感，便對另外兩隻蜥蜴說：「我們住在這裡實在太不安全了，得想辦法改變環境才可以。」說完，這隻蜥蜴便開始幹活起來。森林之大，哪能這樣容易改變，不久，這隻蜥蜴被活活累死。

另一隻蜥蜴看了說：「我的天吶，居然被累死了，看來想要改造這個地方非我輩能力所及，唉，不如另尋一個既安全又足食的地方去生活。這樣，不是很簡單嗎？何必累死！」說完，它便搖著頭爬出了這片森林。只是它還沒有找到夢中的樂土，就餓死在路途中。

第三隻蜥蜴，也看了看四周，說道：「為什麼一定要改變環境來適應我們，為什麼不改變自己來適應環境呢？」說完，它便藉著陽光和陰影，慢慢地改變自己的膚色。不一會兒，牠就漸漸地在樹幹上隱沒了。這隻蜥蜴就成了變色龍，從此在森林裡安居繁衍。

擦肩而過的機會

■ 真實案例

Lisa 在 X 雜誌社做了 5 年的記者。她是 A 大學新聞學碩士畢業，文字功底了得，採編技術也十分嫻熟，但凡重要的採訪，上司通常都派她去搞定，而她也總是不負眾望地做出漂亮的文章。

但在學校時，Lisa 就不是個多話的人，除非是在討論課或者論文答辯時，她才會言簡意賅的把她的想法表達出來，多餘的話幾乎不說。即使參加工作多年，這樣的性格照樣顯露在平時的細節之中。

除了跟社長和主編有一些交流外，她在辦公室裡幾乎就是個邊緣人。同事們都說她博學多才，心裡多少對她有幾分敬重，偶爾想和她交流一下工作心得，或者討論問題，她的反應都很冷淡、很平靜，話極少，只顧自己一個人安靜地在電腦前寫稿。除了劈劈啪啪的鍵盤聲，似乎不允許有別的打擾。久而久之，與同事間就疏離了。

兩個月前，編輯總監因個人原因辭職離開了雜誌社，眼看著總監的座位空了出來，誰有這個資格坐上去呢？Lisa 是最大的候選人，論資歷和能力，誰能比得過她呢？連續幾天，Lisa 心裡都有抑制不住的激動，這是她多年的夢想，眼看就要熬到這一天了。

正當她滿懷希望時，上司突然外聘了一個人填了主編的位置，而且很快便走馬上任了。全社一片譁然，更不用說 Lisa 自己了。她心都碎了，雖然表面上若無其事，但已經難受到無法正常工作。

「真的不能接受！拼死拼活幹了 5 年，還是個普通記者。這就算了，還空降了個總監來，啥都不了解，就亂指揮，多年的付出都白費了！老天為什麼這麼不公平？」Lisa 痛苦地抱怨。

■ 深度分析

我們很容易犯的一個錯誤就是想當然，認為事情就應該按照自己設想的路線發展，人們喜歡編劇甚至導演自己的生活，一旦事情偏離了自己的構想軌道，便會大呼「事情為什麼是這樣的？」、「老天怎麼這麼不公平」云云。其實，很多事並不會按你的想法發展，往往只是你的一廂情願，還是得學會接受。

此外，人們往往對機遇有著過高的期望，妄想靠一次的偶然改變自己的命運。確實，機遇造就了很多偉人、英雄，但有句話說得好，「機遇總喜歡光顧有準備的頭腦」。是的，有準備才會有收獲！機遇不會自動進入你的囊中，是需要你伸出手去擷取的。

很多人的問題就在於不了解自己。由於個體存在認知偏差，人們常常覺得自己是最努力的人，可獲得的喝彩卻最少。然而，如果你的自我評價與他人對你的評價之間有很大的差距，那麼你就很難獲得成功。簡言之，你必須了解自己的優缺點，清楚自己的特點是什麼。

Lisa 與升職機遇擦肩而過的一大重要原因就是，她沒有清醒地認識到成為上司需要的特質有哪些，除了扎實的工作技能以外，與下屬的人際溝通能力似乎更為重要，而這正是她所欠缺的。

如果你總是把自己當作天才，那麼你在人生的路途上就總是不斷地遭遇坎坷溝壑，因為你會以自己的「天才智慧」面對一切來臨於身邊的機遇，卻不知道機遇不會自動地進入你的囊中，是需要你伸出手去擷取的。而且，你的擷取也並非隨意便可得到，需要你在擷取之前做好充分的準備，否則，你還是抓不住它。

◰ **突破心法**

遇到這種情形，「難以接受」、「接受不了」是人們的第一感受。但是接受也罷，不接受也罷，如今這一切都是現實，都是事實。

怎麼辦？與其罵天，不如去積極迎接新的局面。因為罵天不能解決問題，該來的還是來了，只能讓自己空悲切！

其實，任何情況對任何人來說，有積極面，也有消極面。我們要做、能做的，是尋求變化中對自己積極、有利的方面，並使之最大化，避開消極面，至少讓它的負面影響最小化。這樣，新的狀況、不按自己構想發生的事件也許對於我們來說就是一件好事、幸事。

不得不承認，穩定、可預期的世界可以給人帶來安全感。但變化是這個世界運行的常態，它不以人的意志為轉移。在這種情況下，既然變化無可避免，與其消極抵抗，不如積極迎接改變，從變化中分得一杯羹。

接受了這樣的事實以後，就要分析事實。任何事情都有原因，空閒的時候試著和同事、上司聊一聊，不僅可以調整緊張的人際關係，還能從他人的角度重新審視自己，從而改正自己的不足。

Ψ 延伸閱讀 Ψ

〈野兔的弱點〉

野兔是一種十分狡猾的動物，缺乏經驗的獵手很難捕獲到它們。但是一到下雪天，野兔的末日就到了。因為野兔從來不敢走沒有自己腳印的路，當牠從窩中出來覓食時，總是小心翼翼的，一有風吹草動就會逃之夭夭。

但走過一段路後，如果去時這段路是安全的，那它就會按照原路返回。獵人就是根據野兔的這一特性，只要找到野兔在雪地上留下的腳印，然後做個機關，第二天早上就可以去收獲獵物了。

野兔的致命缺點就是太相信自己走過的路了。

＜上帝的蘋果＞

約翰死後去見上帝，上帝查看了一下他的履歷，很不高興地說：「你在人間活了 60 年，怎麼一點成績也沒有？」

約翰辯解說：「主啊，這也不能全怪到我的頭上，是您沒有給我機會呀。如果您讓那個神奇的蘋果砸到我的頭上，那發現萬有引力定律的就是我啦。」

上帝想了想，說：「好吧，我們不妨就試驗一次。」然後大手一揮，時光倒流回了 30 年前的那個蘋果園。上帝搖動果樹，一個紅蘋果落了下來，正好砸在約翰的頭上。約翰撿起蘋果，用衣襟擦了擦，幾口就把蘋果給吃完了。

上帝又讓一個更大的紅蘋果砸到約翰的頭上，約翰又把那個蘋果給吃了。上帝歎了口氣：「可憐的人！」他決心再給約翰一次機會。上帝第三次搖動蘋果樹，一個大大的蘋果準確無誤地落在約翰的頭上。約翰勃然大怒，撿起蘋果狠狠地扔出去：「該死的蘋果，攪了我的好夢。」

蘋果飛了出去，正好落在正在睡覺的牛頓頭上。牛頓醒了，撿起蘋果，豁然開朗，就發現了萬有引力定律。

時光重新回到現在，上帝說：「你現在該心服口服了吧？」約翰哀求道：「主啊，請您再給我一次機會吧！」上帝搖搖頭：「不用了，蘋果砸在每個人頭上的機會都是相同的，只是每個人把握機會的能力不同罷了。」

風暴之夜誰能安眠

■ 真實案例

南茜是某公司總經理助理。在召開跨國公司技術交流大會前，由於時間緊迫，南茜來不及核實與會者人數，就按照自己的估計先把人數確定下來。結果，在會議簽到的時候，發現與會者人數大大超過了原先的估算，不得不更換會議室。

由於是臨時更換會議室，找了好幾個大的會議室都發現正被使用中，最後，花了好長時間才聯繫到合適的，影響了會議的準時召開。在會議召開期間，需要用到一些重要資料，南茜又是匆匆去拿，使會議進程又耽誤了約 20 分鐘。最後，會議結束時間嚴重超過了預計時間，與會者表現出不滿情緒。

事後，總經理狠狠批評了南茜，但南茜自己卻覺得很委屈，她覺得之所以出現這麼多紕漏完全是時間不夠所導致的啊，如果有充裕的時間，這個會議完全不會是這個樣子的。

■ 深度分析

南茜的失誤可能確實有時間太緊張的原因，但絕對不是主要原因。由於時間的緊迫，南茜自己大概估計了與會者的人數，但她只備了一個會議室，沒有料想到她估計的人數有可能會多或者少。

身為總經理助理，她應該對會議室的管理瞭若指掌，如果之前做好功課，就不至於在臨時的換場中耽誤那麼多時間。最致命的是，會議已經開始，她竟然遺忘了重要資料，匆忙去取也花了近 20 分鐘，是來回的路程太遠？還是不知道資料放在什麼地方了？

不管理由是什麼，結果是耽誤了別人寶貴的時間。南茜最後很委屈，但其實，如果沒有認真細緻的準備，不管給你多少時間，終究還會覺得是時間給得不夠。

■ 突破心法

「凡事預則立，不預則廢」，這是個千古以來婦孺皆知的道理，千萬事實也證明了它的正確。沒有充分的會前準備就沒有必要召開會議。對一個人而言，無論做什麼事，如果事前沒有做好充分的準備，那麼等待他的也必然是失敗。

南茜在估計與會者人數的時候如果能靈活機動的準備幾個大小不同的會議室，就不至於在換會議室時花費那麼久的時間。還有，明知道會議的重要，事前更應該做好準備工作。將所需資料都帶到會場；一些可能用到的資料也要備著以防不時之需。另外一些不太重要但可能會用到的相關資料則要放在你所了解的地方，如果會議中需要，可直接派人送過來，而不必將時間花費在無謂的往返及尋找中。

Ψ 延伸閱讀 Ψ

＜風暴之夜你能否安眠＞

從前，有一位農場主在大西洋岸邊耕種一塊土地。他總是不斷張貼雇用人手的廣告，可還是很少有人願意到他的農場工作，因為大西洋上的風暴總是摧毀沿岸的建築和莊稼。直到有一天，一個又矮又瘦的中年男人找到農場主應徵。

「你會是一個好幫手嗎？」農場主問他。「這麼說吧，即使是颶風來了，我都可以睡著。」應徵者得意地回答。

雖然農場主心裡也有點懷疑，但是農場主還是雇用了這個人，因為他太需要人手了。新來的長工把農場打理得井井有條，每天從早忙到晚，農場主十分滿意。不久後的一天晚上，狂風大作。農場主跳下床，抓起一盞提燈，急急忙忙地跑到隔壁長工睡覺的地方，使勁搖晃睡夢中的長工，大叫道：「快起來，暴風雨就要來了！在它捲走一切之前把東西都栓好！」

長工在床上不緊不慢地翻了個身，夢囈一樣地說：「不，先生。我告訴過你，當暴風雨來的時候，我也能睡著。」農場主被他的

回答氣壞了，真想當場就把他解雇了。

　　農場主強壓著火氣，趕忙跑到外面。不過令他吃驚的是，他發現所有的乾草堆都已被蓋上了焦油防水布，牛在棚裡，雞在籠中，所有房間門窗緊閉，每件東西都被栓得結結實實，沒有什麼能被風吹走。農場主這時才明白長工的話是什麼意思。

　　這個長工之所以能夠睡得著，是因為他已經為農場平安度過風暴做好了準備。如果你在精神、心理、身體等方面做好了準備，那麼就沒有什麼東西可以令你害怕了。當風暴吹過你的生活的時候，你能睡得著嗎？

〈年輕的獵人〉

　　一個年輕的獵人帶著充足的彈藥和光亮的獵槍去找獵物。雖然老獵手們勸他出門前把彈藥裝在槍筒裡，但他還是帶空槍走了。

　　「廢話！」他嚷道，「我到達那裡需要一個鐘頭，哪怕我要裝 100 回子彈，也有的是時間。」

　　仿佛命運女神在嘲笑他的想法似的，他還沒有走過開墾地，就發現一大群野鴨密密地浮在水面上。在這種情景下，獵人們一槍就能打中六七隻，毫無疑問，夠他們吃上一個禮拜的。可如今，在他匆匆忙忙地裝著子彈時，野鴨發出一聲鳴叫，一齊飛了起來，很快就飛得無影無蹤了。

　　他徒然穿過曲折狹窄的小徑，在樹林裡奔跑搜索，樹林是個荒涼的地方，他連一隻麻雀也沒有見到。真糟糕，一椿不幸連著另一椿不幸：霹靂一聲，大雨傾盆，獵人渾身上下都是雨水，袋子裡空空如也，他只好拖著疲憊的腳步回家去了。

　　在看到獵物的時候才去裝彈藥，連作為一名獵手最起碼的準備工作都沒有做好，當然不可能有什麼收獲了。

能力決定壓力

■ 真實案例

30 歲的大慶，專科畢業後在一家事業單位工作，因為自己起點低，故而在工作中更加努力。由於所處行業知識更新極快，為了更好地完成工作，他不但上班勤奮，下班後也利用業餘時間攝取知識。

天道酬勤，短短幾年他就被提拔為單位的業務骨幹，大慶對充實的高節奏生活也很滿意。去年他被晉升為中層幹部，這是個好消息，但他卻高興不起來。自升職以來，不但要做業績，新增的管理職務更讓他有些力不從心。他認為自己很辛苦，工作好像永遠也做不完。

升職後不到半年，眼看著自己部門的業績不升反降，大慶實在著急。最近，他晚上總是失眠，白天精力不佳，有時候還心情煩躁，莫名其妙地對下屬發脾氣。同事對他也頗有微詞，有苦說不出的大慶真不知道該怎麼辦了？

■ 深度分析

我們經常會說一句話，「會者不難，難者不會」。就是對於你所有處理的事情你要是不能勝任，你就會覺得焦慮、緊張，壓力自然而來；但是如果你對這件事很了解，解決這件事完全就是小菜一碟。

大慶的升職不但沒有提高他的工作滿意度，還引發了他的工作壓力。我們知道引發工作壓力的一個重要因素就是工作能力和所處職位不相匹配。

從案例中我們可以得知，由於大慶的先天條件不足，在他那樣的行業中，他能取得這麼好的成績完全是靠他後天的努力。但公司給其升職後，他的工作職能又發生了變化，在他的能力剛能滿足現有工作時又增加了工作難度，面對這種情況，大慶會產生壓力也是必然的。

■ 突破心法

面對大慶這樣的情況，有兩個選擇，一是回到原來的職位。專家調查研究發現，現在很多年輕人在面對升職壓力時，選擇放棄升職，從而減少自己的職場壓力。另一個選擇就是提高自己的工作能力，使能力與職位要求相匹配，這樣就能有效地解決壓力問題。

如何提高一個人的工作能力呢？

(1) 提高其專業知識

即對個人工作業務方面的知識要精通。這可以透過學習專業知識，在工作中運用和學到的知識，並多請教同事、上司來不斷提升。

(2) 要提高執行能力

即多學習及累積處理事物的方法與經驗。

(3) 制訂合適的目標

大慶剛接受中層幹部的職位，應該根據實際情況對業績做一個客觀的估計，而不是一味要求自己提高業績。最好的目標就是「跳一跳，夠得著」，這樣既不會挫傷工作積極性，更不會覺得目標沒有意義。

(4) 學會時間管理

大慶每天都很忙，是真的工作量太大還是沒有掌握合適的工作方法導致效率低呢？學會時間管理會有效提高其工作效率。

(5) 利用團隊的力量

有一句著名的話：「你不是一個人在戰鬥。」大慶應該學會適當的壓力轉移。既然有了自己的團隊，就應該充分調動員工的力量，利用團隊的力量來一起完成工作，而不是靠自己一個人單打獨鬥。

(6) 如何看待壓力

有些人被壓力打垮，而有些人卻在壓力中成長。因此，壓力是

提高人工作能力的一個重要方面。面對壓力，你認為這是一個難題，你動搖了，甚至想逃避，你就會被壓力打倒！

但如果你認為這是一個挑戰自己的機會，是一個學習新東西的機會，加上你的堅持，再加上點你的毅力，你會發現，其實，壓力是最能提高自己工作能力的「神器」！

Ψ 延伸閱讀 Ψ

＜庖丁解牛＞

有一個名叫庖丁的廚師給梁惠王宰牛，他手所接觸的地方，肩所靠著的地方、腳所踩著的地方、膝所頂著的地方，都發出皮骨相離聲，刀子刺進去時響聲更大，這些聲音沒有不合乎音律的，竟然與《桑林》、《經首》兩首樂曲十分合拍。

梁惠王說：「好啊！你的技術怎麼會高明到這種程度呢？」

庖丁放下刀子回答說：「臣下所探究的是事物的規律，已經超越了對於宰牛技術的追求。當初我剛開始宰牛的時候，對於牛體的結構還不了解，看見是整頭的牛。三年之後，見到的就是牛的內部肌理筋骨，再也看不見整頭的牛了。

現在我宰牛的時候，只是用精神去接觸牛的身體就可以了，而不必用眼睛去看，就像感覺器官停止活動了而全憑精神意願在活動。順著牛體的肌理結構，劈開筋骨間大的空隙，沿著骨節間的空穴使刀，都是依順著牛體本來的結構。宰牛的刀從來沒有碰過經絡相連的地方、緊附在骨頭上的肌肉和肌肉聚結的地方，更何況股部的大骨呢？

技術高明的廚工每年換一把刀，是因為他們用刀子去割肉。技術一般的廚工每月換一把刀，是因為他們用刀子去砍骨頭。現在臣下的這把刀已用了十九年了，宰牛數千頭，而刀口卻像剛從磨刀石上磨出來的一樣。牛身上的骨節是有空隙的，可是刀刃卻並不厚，用這樣薄的刀刃刺入有空隙的骨節，那麼在運轉刀刃時

一定寬綽而有餘地，因此我用了十九年的刀的刀刃仍像剛從磨刀石上磨出來的一樣。」

雖然如此，每當碰上筋骨交錯、難以下刀的地方，我仍然會十分小心，目光集中，動作放慢，刀子輕輕地動一下，嘩啦一聲，骨肉就已經分離，像一堆泥土散落在地上了。我提起刀，為這一成功而得意地四下環顧，悠然自得、心滿意足，然後再拭好刀把它收藏起來。」

梁惠王說：「好啊！我聽了庖丁的話，學到了養生之道啊。」

〈救命的狗吠聲〉

在一個漆黑的晚上，老鼠首領帶領著小老鼠出外覓食，在一戶人家廚房內的垃圾桶中有很多剩餘的飯菜，對於老鼠來說，就好像發現了寶藏。

正當一大群老鼠在垃圾桶及附近範圍大吃之時，突然傳來了一陣令牠們肝膽俱裂的聲音，那就是一隻大花貓的叫聲。老鼠震驚之餘，各自四處逃命，但大花貓絕不留情，窮追不捨，終於有兩隻小老鼠走避不及，被大花貓捉到，正當大花貓要吞下它們時，突然傳來一連串兇惡的狗吠聲，令大花貓手足無措，狼狽逃命。

大花貓走後，老鼠首領從垃圾桶後面走出來說：「我早就對你們說，多學一種語言有利無害，這次我就因此救了你們一命。」

清高 or 情商低

真實案例

無庸置疑，阿諛奉承是所有職場菜鳥都會遇到的一件噁心事，比如 Anna 進入單位的第一天就被前輩張姐雷到了。只要老總一踏進辦公室，張姐立刻像滿弦的箭，生怕被人搶掉了點頭哈腰第一人的位置。

「真是討厭！」這樣想著的 Anna 常常是坐在辦公桌前給老闆草草行個注目禮，繼續手頭的工作。Anna 的想法單純也實在：「我是老闆在眾多應徵者中選出來的，我是來工作的，不是來端茶送水拍馬屁的，做好手頭工作就萬事 ok 了。」

本來倒也是井水不犯河水，但聽其他同事說張姐在公司可牛了，不僅是老闆眼前數一數二的紅人，在業務上也不含糊，給公司創下了不少業績，並總有意無意地讓 Anna 多向張姐學習時，Anna 有些不屑，更多的是不解，難道人一旦進入職場就非得這麼諂媚奉承嗎？產生情緒抵觸的她開始考慮是不是要換個工作環境。

深度分析

難道真的像 Anna 想的那樣，進入職場就必須這麼諂媚、做作才能混得好嗎？

清高，在傳統的觀念中，它是一個褒義詞，代表著「人格尊嚴」與「氣節」。但清高也與「酸」、「莫名的高傲」有著若明若暗的聯繫。古代文人就常以清高自詡，他們那股不識時務的酸勁兒也是我們心知肚明的。

與人交往時，不管是與誰，我們的人格尊嚴是不容侵犯的，這是底線。只要不觸動底線，我們對上司、對長者尊重沒什麼不對，沒什麼不好。不能把尊重上司與長者和阿諛奉承混為一談。更不可以把不顧別人的感受、我行我素當成清高；也應當把善於察言觀色和換位

思考看成是具有人際交往技巧。

　　Anna 對張姐看不慣，裡面也有不全面之處。張姐在公司混得風生水起，不但得到老闆的認同，也得到同事和客戶的認可，並不全然是靠阿諛奉承。她有能力、有業績，這恐怕才是得到認可最重要的基礎。

　　擁有這樣本領的人不管是面對合作同事還是競爭對手，都能輕易地搞定對方，從而獲得一條平坦的職場生存之路。這種人不值得讚揚嗎？堅守道德底線，保持人格尊嚴，靈活應對各色人等，盡可能讓人滿意開心，是在職場混下去、混得好的要訣。

突破心法

　　所有人都會對「良藥苦口利於病，忠言逆耳利於行」這兩句話耳熟能詳。我們對這兩句話的正確性從來沒有產生過半點的懷疑。但當這兩句話翻譯到美國去的時候，老美卻產生疑惑，翻譯有誤嗎？答曰：沒有！老美不解，良藥何必苦口，加上糖衣不好嗎？忠言何必逆耳，讓人聽得舒舒服服地不好嗎？原來，做人做事，在原則不變、本質不變的情況下可以圓潤一些。

　　職場新人，常常是剛從學校畢業的。學校裡的人際關係模式，如同學之間的關係、師生之間關係與職場的人際關係模式大不相同。同學關係是完全平等的，師生關係中充滿了愛與寬容，尤其是在大學裡，社會上的等級觀念要淡薄得多。職場可不是這麼一回事，你不能要求職場像學校，像你熟悉的環境，像你早適應了的人際關係模式。

　　你要學會用另一種方式表示對他人，尤其是對上司的尊重；你要學會用另一種方式與同事尤其是年長的同事打交道。這種方式開始時可能有點彆扭，但「適者生存」是硬道理，你總不能總待在學校吧！

　　要學會寬容。各人有各人的生活方式與處世方式，不要以為你看不慣別人，說不定別人還看不慣你呢。這個世界本來就是豐富多彩，你的方式絕不是唯一正確的方式。

　　所有這些並非要你不保持人格尊嚴，不遵守道德底線。事實上，不保持人格尊嚴，不遵守道德底線的人，僅靠阿諛奉承一定行之不遠。

　　順便再說一句，在職場最重要的是有實力、有業績。如果有一天，你敢對你的老闆說：「此處不養爺，自有養爺處。」那麼，你將進入到自由王國的境界。也許到那時，你的態度、你的處人遇事的方式就不那麼重要了！但是，如果在這個基礎上還能與他人有著良好的關係豈不更好？

Ψ 延伸閱讀 Ψ

＜寬容的力量＞

　　陶行知先生當校長的時候，有一天看到一位男生用磚頭砸同學，便將其制止並叫他到校長辦公室去。當陶校長回到辦公室時，男孩已經等在那裡了。

　　陶行知掏出一顆糖給這位同學：「這是獎勵你的，因為你比我先到辦公室。」接著他又掏出一顆糖，說：「這也是給你的，我不讓你打同學，你立即住手了，說明你尊重我。」

　　男孩將信將疑地接過第二顆糖，陶先生又說道：「據我了解，你打同學是因為他欺負女生，說明你很有正義感，我再獎勵你一顆糖。」

　　這時，男孩感動得哭了，說：「校長，我錯了，同學再不對，我也不能採取這種方式。」陶先生於是又掏出一顆糖：「你已認錯了，我再獎勵你一塊。我的糖發完了，我們的談話也結束了。」

這山看到那山高

■ 真實案例

大衛今年 25 歲，大學時在師範院校學習體育教育專業，畢業後曾在一間私立學校當過 3 個月的體育老師。但他覺得這份工作不穩定，而且對待遇也不太滿意，便辭職了，與此同時，他也放棄了從事教師工作的念頭。

在尋找新工作期間，聽同學說做業務賺錢比較快也比較容易，於是他轉行做了業務。剛開始的時候還比較順利，業績不錯，和公司的同事關係也很好，上司也很看好他。

然而好景不長，由於公司營運出現問題，效益日漸下滑，不得不裁員，大衛不幸就是其中一員。這次失業對他打擊很大，他開始懷疑自己的能力。在家休整兩個月之後，大衛又重新踏入了新的行業，這一次他到一家電子商務公司。由於對該行業了解甚少，他必須從頭學起。剛開始培訓時大衛很認真，下班以後也會找來很多相關書籍進行學習。但 3 個月之後，他卻辭職了，理由是自己不適合這個行業，這不是自己想要的工作。

在工作 3 年多時間裡，大衛已經跳槽 7 次了，期間他嘗試過不少行業，但總有種種原因致使他離職。今年三月份，他又到一家貿易公司工作。在進這家公司前，他還信誓旦旦一定要幹滿兩年，對自己信心滿滿，然而，不到兩個月，他又開始心神不定了。

在工作中，遇到一些不公正的現象，他覺得很不滿，抱怨社會不公平；看到一些同事虛偽的一面，他又抱怨人情冷淡；每換到一個新的行業都要從頭做起、從頭學起，他覺得很吃力，心裡卻又覺得不應該再這樣跳槽了。漸漸地，他感到力不從心，壓力重重，以前的那種自信也一點一點被蠶食，開始經常失眠，記憶力下降，心情變得煩躁不安，對工作也越來越厭倦，陷入深深的苦惱中。

■ 深度分析

頻繁跳槽，一直是令長輩們頭疼的問題。似乎我們可以很輕易地脫口而出：「我不幹了。」長輩時常批評我們沒有耐性，意志力不堅定，這也的確是現代年輕人普遍存在的問題。越來越多的人「半途而廢」，而「善始善終」的人則越來越少。

但導致擇業混亂的，事實上並不是意志力的問題，而是我們不知道自己要什麼？想做什麼？如果你問即將畢業的大學生，畢業之後希望從事什麼行業？想要達到的目標是什麼？應該很難得到確定的回答，更多的答案也許是迷茫和彷徨。

在這個經濟衰退且通貨膨脹日益嚴重的年代，就業難成了很多年輕人不得不面對的問題，想要找到一份滿意又適合自己的工作更是難上加難，於是，盲目就業的現象日漸增多；況且，相對於想要什麼，人們似乎更清楚自己不想要什麼，一旦工作中遇到自己不想要的，不會輕易降低標準妥協現狀。

「我受不了朝九晚五」、「得不到欣賞和更好的表現機會」、「公司規章制度拘束太多」……於是，頻繁跳槽更是屢見不鮮。如今我們面對的是一個快速、多變、資訊龐雜、處處充滿壓力的世界，人生、職業發展都在「不想要」裡反襯「需要」，沒有主動的規劃，只有所謂的「順其自然」，自然就難有耐心和毅力。

大衛就是一個很生動的例子，抱著「走一步看一步」心態的他，一直尋尋覓覓，希望找到自己滿意的工作，但事與願違，總是有這樣或那樣的原因致使他離職。讓我們客觀冷靜地來看，這些問題真的不能避免嗎？究竟是他時運不濟還是心態有問題？外因透過內因起作用，內因是主要原因。

正是因為大衛總是有「不合我意就幹不了」的想法，吃不了苦，沒有盡全力做好自己該做的事情，才導致他一次又一次的跳槽。多次更換行業，經驗得不到積澱，屢屢挫敗當然會使之喪失耐心和毅力。

讓我們換個角度來看，即使在工作中遇到許多令人不滿意的問

題，單純靠跳槽就能夠徹底解決問題嗎？答案顯然是否定的，而這一點卻是人們常常忽略的問題。時常跳槽的人往往有一種逃避心理，遇見問題的第一時間不是積極想辦法解決，而是選擇逃避。這樣不僅不能解決問題，反而會讓自己陷入迷茫，不知何去何從，更不知如何找到人生事業的切入點。

有人說，在學校讀書是我們享受和獲取社會提供的資源的機會，那麼參加工作便是我們回報社會、獻出自己一份力的時候，同時也是實現自身社會價值的時候。因此，踏入工作職位後，每一個職場新人都必須有擁有清晰的職業目標和規劃。

◤ 突破心法

撥開前方的迷霧其實並不難，想弄清楚自己想要什麼，首先要了解自己，清晰地明白自己的初衷。我們要學著分析自身存在的問題，發現自己的優勢並用實踐的方式讓你的優勢更加凸顯，這樣，透過經驗的積累和詳細的分析，找到能夠使你的優勢得以充分發揮的行業，你的職業方向也自然清晰可見。

在職業方向確定後，再在適合自己的行業中努力工作，從基層做起，積累經驗的同時不斷地吸收能量。相信幾年後，你會熟悉或是精通整個部門乃至整個行業的流程和運作，你會發現一個嶄新且充滿自信的自己。

很多人都會在尋找目標的過程中迷失自己，甚至盲目跟風。盲目會使人越來越孤僻，在與人交往中總以灰色的眼光看待外界的一切，從悲觀、消極的角度去思考問題。

所以，作為剛剛走上社會和職業道路的年輕人，應該給自己一個比較切合實際的定位，即使在工作中遇到不盡如人意的問題，也要先冷靜下來，及時地調整好自己的心態，適應新的生活和工作。

要學會忍耐。凡事不可能一蹴而就，成大事更是如此。一點耐心沒有，到處淺嘗輒止，成功肯定不會與你意外相逢。

Ψ 延伸閱讀 Ψ

〈一夜暴富的夢想〉

一位立志在 40 歲成為億萬富翁不可的先生，在 35 歲的時候，發現願望根本達不到，於是放棄工作開始創業，希望能一夜致富。

5 年間，他開過旅行社、咖啡店、花店，可惜每次創業都失敗，也陷家庭於絕境。他心力交瘁的太太無力說服他重回職場，在無計可施的絕望下，跑去尋求高僧的幫助。高僧了解狀況後跟他太太說：「如果你先生願意，就請他來一趟吧！」

這位先生雖然來了，但從眼神看得出來，這一趟只是為了敷衍他太太而來。高僧不發一語，帶他到僧廟的庭院中，庭院約有一個籃球場那麼大，庭中盡是茂密的百年老樹，高僧從屋簷下拿起一支掃把，跟這位先生說：「如果你能把庭院的落葉掃乾淨，我會把如何賺到億萬財富的方法告訴你。」

雖然不信，但看到高僧如此嚴肅，加上財富的誘惑，這位先生接過掃把開始掃地。過了一個鐘頭，好不容易從庭院一端掃到另一端，眼見總算掃完了，他拿起畚箕，轉身準備畚起剛剛掃成一堆堆的落葉時，卻看到剛掃過的地上又掉了滿地的樹葉。

經過一天的嘗試，地上的落葉跟剛來的時候一樣多。這位先生怒氣衝衝地扔掉掃把，跑去問高僧為何這樣開他的玩笑？

高僧指著地上的樹葉說：「慾望像地上掃不盡的落葉，層層蓋住了你的耐心。耐心是財富的聲音。你心上有一億的慾望，身上卻只有一天的耐心；就像這秋天的落葉，一定要等到冬天葉子都掉光後才能掃得乾淨，可是你卻希望用一天就掃完地。」說完，就請夫妻倆回去。

臨走時，高僧對這位先生說，為了回報他今天掃地的辛苦，在他們回家的路上會經過一個穀倉，裡面有 100 包用麻布袋裝的稻米，每包稻米都有 100 斤重。如果先生願意幫他把這些稻米搬

到穀倉外，就會看到稻米堆後面有一扇門，門裡頭有一個寶物箱，裡面是善男信女們所捐贈的金子，數量不是很多，就當作是你今天掃地與搬稻米的酬勞。

到了穀倉，這位先生看在金子的份上，開始一包包地把這些稻米搬到倉外。數小時後，當快搬完時，他看到後面真的有一扇門，興奮地推開門，裡面確實有一個藏寶箱，箱上並沒有上鎖，他很容易地就打開了寶箱。寶箱內有一個麻布袋，他手伸進去，裡面只有一堆黑色籽粒及一張紙條，他撿起紙條，上面寫著：這裡沒有黃金。

這位受騙的先生把手中的麻布袋摔在牆上，憤怒地轉身打開門準備離開，卻見高僧站在門外雙手握著一把種子，輕聲說：「你剛才所搬的百袋稻米，都是由這一小袋的種子費時四個月長出來的。你的耐心還不如一粒稻米的種子，怎麼聽得到財富的聲音？」一粒稻米，終成滿倉稻糧，但只有耐心的人才聽得到財富的聲音。

〈河邊的蘋果〉

一位老和尚，他身邊聚攏著一幫虔誠的弟子。這天，他囑咐弟子每人去南山打一擔柴回來。弟子們匆匆行至離山不遠的河邊，人人目瞪口呆：只見洪水奔瀉而下，無論如何也休想渡河打柴。

無功而返，弟子們都有些垂頭喪氣。唯獨一個小和尚與師傅坦然相對。師傅問其故，小和尚從懷中掏出一個蘋果，遞給師傅說，過不了河，打不了柴，見河邊有棵蘋果樹，我就順手把樹上唯一的一個蘋果摘來了。後來，這位小和尚成了師傅的衣缽傳人。

就怕與人接觸

▇ 真實案例

與同事之間的相處是讓 T 感到頭疼的問題。平日交往中，他與同事之間的交流不多，總覺得「言多必失」。同事下班一起聚餐娛樂，他也常常婉言拒絕，怕給別人添麻煩，也怕自己在不熟悉的公共場合表現欠佳為自己減分，害怕自己表現不好讓別人討厭自己。他想表現最好的給別人看，希望別人喜歡自己，但卻發現總是事與願違，久而久之，也越來越沒信心，更加地封閉自己。

T 曾在日記中寫道：「我不知道該如何交朋友，不知道如何處理同事間的關係。我不明白為什麼只要是涉及工作中的人際關係，我的腦筋就好像完全當機一樣，反應遲鈍，也不知道應該如何做出反應，完全是憑下意識來對待，常常事過境遷後，才發現自己做錯的事情。

可是，下一次再遇到這類事情，我仍然做出同樣的反應，好像我的意識只要遇到人際關係，就自動卡住了。到底是哪裡出了問題呢？該怎麼辦才好……。」

▇ 深度分析

你知道「社交恐懼症」嗎？

社交恐懼症俗稱「見人恐懼症」，是恐懼症中最常見的一種，約占恐懼症病人的一半。社交恐懼症是一種對任何社交或公開場合感到強烈恐懼或憂慮的心理障礙。

患者對於在陌生人面前或可能被別人仔細觀察的社交或表演場合，有一種顯著且持久的恐懼，害怕自己的行為或緊張的表現會引起羞辱或難堪。有些患者對參加聚會、打電話、到商店購物或詢問權威人士都感到困難。

一般人對參加聚會或其他會暴露在公共場合的事情都會感到輕

微緊張，但這並不會影響到他們出席。然而，社交恐懼症患者總是處於焦慮狀態，他們害怕自己在別人面前出洋相，害怕被別人觀察。在參加任何社會聚會之前，他們都會感到極度的焦慮，會想像自己如何在別人面前出醜。

當他們真的和別人在一起的時候，會感到更加不自然，甚至說不出一句話。當聚會結束以後，他們會一遍一遍地在腦子裡重溫剛才的鏡頭，回顧自己是如何處理每一個細節的，自己應該怎麼做才正確。對他們來說，與人交往，甚至在公共場所出現，都是一種極其恐怖的任務。社交恐懼症會導致無法承受的恐懼，在嚴重的案例裡，病患甚至會長時間把自己關在家裡孤立自己。

一項研究顯示，那些在工作中八面玲瓏、同事緣極好的人，其壽命可能比不受同事待見的人要長。來自以色列特拉維夫大學的研究人員說：「來自同事的支持和幫助能夠衡量一個人是否良好地融入到工作中，它能預測出一個人的死亡風險。」可見，處理好工作中的人際關係，是如此重要。

人生來便是群居動物，人的生存離不開社會，社會的發展也同樣離不開人們的合作與競爭，特別是在工作中，人與人之間的交流與配合顯得尤為重要。處理好與同事之間的關係，有助於我們快速適應環境，全身心投入到工作中，同時，也有利於相互之間的合作，共同創造業績。

◣ 突破心法

對於社交恐懼症患者來說，要想克服恐懼，就要正確地評價自己，發掘自己身上的優勢，要記住「尺有所短，寸有所長」的道理。在人際交往中要懂得揚長避短，你有你的優勢，任何人也都有自己的不足，自己並不比別人差多少。想要處處優秀，高人一籌，這是期望太高的表現，容易給自己造成心理壓力，反而無法正常和人交往。

現在介紹一種「系統脫敏法」，它有助於解決社交恐懼的問題。

以演講恐懼為例說明如下：現在我處於愉悅的放鬆狀態中，深呼吸，感受身體的放鬆帶來的內心最深刻的安靜，感受面頰和身體的肌肉一寸寸地放鬆，想像自己最輕鬆時刻的感受，想像一下自己做過的成功的事情，體會當時自信的感覺。

在腦海裡，我把自己的演講恐懼程度分為四個等級。

第一級：獨自在家作一番講話

在家裡，面對空無一人的房間，做一番激情澎湃的演講。深呼吸，軀體不斷放鬆，帶來了精神上的放鬆，我覺得我能夠從容自如地表現自己，這是很容易做到的

第二級：在熟悉的環境裡對朋友說一段感想

在熟悉的環境裡對朋友說一段感想，當我覺得緊張不安時，我便把意識集中在體驗肌肉的放鬆上，體會心理的平靜，慢慢地，我不再緊張不安。

第三級：在陌生的環境中對熟人演說

在陌生的環境裡對熟人演說，我感覺到有一點不安全，但是還好，都是熟人，他們都認識我，慢慢地，我漸漸地放鬆下來。

第四級：在陌生的環境中向陌生的人群發表演講

在陌生的環境中對陌生的人群發表演講。我看到周圍的一切都不是我熟悉的，我感到很不安全，我很緊張，我一個字都說不出來。

這時，我想像自己退回剛才第三級的情境中，我慢慢地深呼吸，感覺身體肌肉的放鬆，想像自己正在做一些增強自信的附加動作，如挺胸，放大說話聲音，眼神堅定有力，想像自己精神奕奕，信心倍增，不斷地暗示自己「想怎麼說就怎麼說，想說什麼就說什麼，不要顧慮別人的想法」。

慢慢地，我覺得一切都很正常，沒有什麼是我害怕的，於是，我又回到第四級的情境，帶著放鬆的心情來想像自己的表現，發現自己跟平時一樣，沒什麼大不了的。

Ψ 延伸閱讀 Ψ

〈釘子的故事〉

有一個脾氣很壞的男孩，他的爸爸給他一袋釘子，告訴他，每次發脾氣或者跟人吵架的時候，就在籬笆上釘一根。第一天，男孩釘了 37 根。之後他學會控制自己的脾氣，釘子逐漸減少了。

有一天，他一根釘子都沒有釘，他高興地把這件事告訴了爸爸。爸爸說：「如果你一天都沒有發脾氣，就可以拔掉一根釘子。」日子一一天過去，最後，釘子全被拔光了。

爸爸對他說：「兒子，你做得很好，可是看看籬笆上的釘子洞，這些洞卻永遠也不可能恢復了。」插一把刀子在一個人的身體裡，再拔出來，即便傷口癒合了，傷疤也永遠都在。要知道，身體上的傷疤和心靈上的傷口一樣都難以恢復。

★社交恐懼症自測問卷

1	我怕在重要人物面前講話。	① ② ③ ④
2	在人面前臉紅我很難受。	① ② ③ ④
3	聚會及一些社交活動讓我害怕。	① ② ③ ④
4	我常迴避和我不認識的人進行交談。	① ② ③ ④
5	讓別人議論是我不願的事情。	① ② ③ ④
6	我迴避任何以我為中心的事情。	① ② ③ ④
7	我害怕當眾講話。	① ② ③ ④
8	我不能在別人注目下做事	① ② ③ ④
9	看見陌生人我就不由自主地發抖、心慌。	① ② ③ ④
10	我夢見和別人交談時出醜的窘樣。	① ② ③ ④

計分方式：每個問題有 4 個答案可以選擇：①從不或很少如此；②有時如此；③經常如此；④總是如此。

根據你的情況在上表中圈出相應的答案，此數字也是你每題所得的分數。將分數累加，便是你的最後得分了。

＊總分 10 ～ 20 分：你沒患社交恐懼症。

＊總分 21 ～ 30 分：你已經有了輕度症狀，照此發展下去可能不妙。

＊總分 31 ～ 35 分：你已經處在社交恐懼症中度患者的邊緣，如有時間可以找心理醫生進行諮詢。

＊總分 36 ～ 40 分：你是一個較嚴重的社交恐懼症患者，可去求助精神科醫生，他會幫你擺脫困境的。

一不小心成了時間的奴僕

■ 真實案例

35 歲的劉鵬在某公司工作了 7 年，現在升為中層幹部，可謂事業小有所成，經濟上也有一定的積蓄。可是最近他覺得越來越疲憊。

因為他所在的公司，大家做事的效率都很高，如果做得比別人慢，自己的位置就不保，經過幾年的努力，他才得到了這個的職位。為了不給後來者可乘之機，他覺得自己必須更加努力。「我總是在加班，連週末也不例外。幾乎就沒有休息的時間，因為我不想被取代，所以我要更努力。」後來發展成：一沒事做他就渾身不自在，於是想方設法攬一些事情來做。

劉鵬平時只知埋頭苦幹，不太善於與人溝通，也不常與朋友交往。他說：「我已經成了時間的奴僕，有時就像一個陀螺，永遠沒有停歇的時候，除非滅亡。腦子裡有一根弦始終繃得很緊。有一天這根弦斷了，我也就完蛋了。」

■ 深度分析

劉鵬其實是職場上多見的「壓力上癮症」。現代都市的職場人，在工作上投入了許多精力，一旦停下周而復始的工作，他們會因為已經習慣了的快節奏和壓力突然被打破而不知所措，甚至產生失落感。

具體表現為：他們習慣不斷地給自己加壓，透過努力工作獲得

物質上的滿足，初步實現社會價值；另外，「壓力上癮」族總是把日程填得滿滿的，樂此不疲地籌畫著下一個行動計畫，一旦放鬆下來，反而會有一種罪惡感。請謹記：**你是時間的主人，要由你來安排做事的時間，而不是由事情來占滿你的時間**。我們要學會主動把握時間，而這一切的決定者就是你。

■ 突破心法

職場人士總是感到事情堆積如山，時間不夠用。這一問題具有廣泛的普遍性，相應的正確應對方式就是時間管理。

時間管理是由你自己主動地、有序地、合理地安排時間。如果是由你來安排做事的時間，那麼你是工作的主動者，一切由你支配、掌控，雖然你可能很忙，但你不會感到很累，不會感受到那麼大的壓力。相反，如果是由事情來占滿你的時間，那麼你是工作的被動者，會感到疲於奔命，常不知所措，巨大的壓力自然撲面而來。

試一試吧，變換一下你的工作模式，儘管還是在做事，但你的心情、感受會不同，工作效率與滿意度也會不同。

Ψ 延伸閱讀 Ψ

〈片刻小憩〉

我喜歡賺錢，也喜歡競爭，但要把握一個原則：工作是為了生活。如果工作和生活發生衝突，何不暫時把工作忘記？

一旦工作壓力太大，我就請假休息。動手裝飾自己的時尚小屋；做頓晚飯請朋友們來聚餐；邀幾個朋友上街去逛逛；或者參加太極拳訓練班，我經常這樣放鬆自己，享受每一天。

畫畫是我的愛好，不久前，我報名了油畫學習班。那裡各種年齡的人都有，學油畫的目的也各不相同，但每個人都興致勃勃，精神狀態很好。同事說，我最大的變化就是不再輕易發怒。我個人的體會則是讓情緒從緊張的工作中跳出來。

第

3

部

超實用減壓法

本部分輯錄了多種簡便而有效的減壓技術，有減壓需要的各位朋友可從中選擇一到兩種技術，堅持使用，必有效果。

呼吸減壓法

心理學家楊立能先生在《大眾心理學》上介紹的呼吸法減壓，很有參考價值，現錄於下：

呼吸對於維持生命是必需的，正確的呼吸方法可以抵抗精神壓力。雖然人人都在呼吸，但是很少有人有自然充分呼吸的習慣。不正確的呼吸使吸入肺中的新鮮空氣不足，血液不能充分淨化，循環系統中廢物殘留過多，於是身體器官和組織缺乏營養，受到損害；血中缺氧還會引起焦慮、壓抑、急躁、肌肉緊張和疲乏，難以應付受激情境。

正確的呼吸習慣是心理和身體健康的基礎，下面介紹的幾種呼吸訓練方法能解除焦慮、壓抑、急躁、肌肉緊張和疲勞，也能用於防治屏息、過度換氣、短促呼吸和手腳冷。各位不妨就下面各種練習先做普遍的嘗試，然後選擇其中對自己最有益的方法持續進行。

1. 提高呼吸意識的清晰度

＊平躺在墊子、毛毯或床墊上，兩腿伸直，稍分開，兩腳的腳趾指向外側，兩臂伸直分開手掌向上，眼睛微閉。把手平放在胸部，注意自己的呼吸是淺短的還是深長的

＊現在把雙手輕輕地放在腹部，注意腹部隨著呼吸而升降。

＊注意胸部的運動與腹部協調是否一致嗎？用 1 ～ 2 分鐘練習胸腹運動的協調一致。用意念掃描身體的緊張區，特別是喉、胸、腹部。

2. 深呼吸練習

這個練習可以採用站式、坐式和臥式〈建議採用臥式〉。

＊平躺在地毯或床墊上，兩肘彎曲，兩腳分開約 20 公分，腳

趾稍向外，背躺直。

＊對全身緊張區逐一掃描。將一手置於腹部，一手置於胸上。

＊用鼻子慢慢地吸氣，進入腹部，置於腹部的手隨之升起。

＊微笑地用鼻子吸氣，用嘴呼氣，呼氣時輕輕、鬆弛地發出「呵」聲，好像在將風輕輕吹出去，使嘴、舌、齶感到鬆弛。

＊做深長緩慢地呼吸時，體會腹部的上下起伏，注意呼吸時的聲音越來越鬆弛的感覺。

這個練習每天需做 1 ～ 2 次，每次 5 ～ 10 分鐘。1 ～ 2 周後可以將練習時間延長至 20 分鐘。每次練習結束，用一些時間檢查身體上是否還有緊張點，如果有，比較這種緊張與練習開始時的緊張感有沒有區別。

3. 歎氣練習

人在白天有時會歎氣或打呵欠，這是氧氣不足的徵兆，歎氣、打呵欠是機體補充氧氣的方式，也能減少緊張，因此可以作為鬆弛的手段來練習。

＊站立或坐著深深地歎一口氣，讓空氣從肺部跑出去。

＊不要想到吸氣，讓空氣自然地進入。

＊重複 8 ～ 12 次，體驗一下鬆弛感。

4. 充分而自然式呼吸練習

健康的嬰兒和原始人採用充分而自然的呼吸方式，文明時代的人喜歡緊身服飾，並且老坐著不動，過著緊張的生活，已經沒有了這種呼吸習慣。下面的練習可幫助我們恢復充分而自然的呼吸。

＊坐好或站直，用鼻子呼吸。

＊吸氣時，先將空氣吸到肺的下部，此時橫膈膜將腹部推起，為空氣留出空間；當下肋和胸腔漸漸向上升起時，使空氣充滿肺的中部；慢慢地使空氣進入肺的上部。全部吸氣過程需時 2 秒，要有連續性。

＊屏住氣約幾秒鐘。慢慢地呼氣，使腹部向內縮一下，並慢慢地向上提。

＊氣完全呼出後，放鬆胸部和腹部。

＊吸氣之末可以抬一下雙肩或鎖骨，使肺頂部充滿新鮮空氣。

5. 拍打練習

這個練習可以使人清醒，變緊張為鬆弛。

＊直立，兩手側垂，慢慢吸氣時，用手指尖輕輕拍打胸部。

＊吸足並屏住氣後改用手掌對胸部各部位依次拍打。

＊吸氣時嘴唇如含麥稈，用適中的力一點一點間歇地吐氣。

＊重複練習，直到感到舒服。同時可將拍打部位移到手所能觸及到的身體其他部位。

6. 提神練習

精力不夠時做以下練習可刺激呼吸系統、循環系統和神經系統。

＊站直，兩臂側垂。用上面介紹的充分自然式方法呼吸。

＊手臂徐徐向上，舉至肩部時兩手握緊拳，慢慢地兩手握拳側平舉。

＊握著拳兩臂收回到肩部，向兩側平舉，重複多次，加快速度。

＊放鬆兩手，回到身體兩側，同時用力吐氣。

＊重複上述各個步驟，直到感到精神飽滿。

7. 「風車」

伏案工作幾小時感到緊張時，「風車」練習能使你清醒提神。

＊站直，兩臂向前伸，吸氣，保持充分自然的呼吸

＊兩臂由前向後轉圈若干次，然後反向轉若干次。

＊像風車一樣，兩手呈一直線一前一後轉圈。用嘴用力吸氣。

＊上述過程反覆幾次。

8. 彎曲

人感到緊張時可以做彎曲練習，可伸展軀幹，使呼吸靈敏。

＊站直，兩手置於臀部。

＊吸氣，保持充分而自然的呼吸。

＊身體下部保持筆直，儘量向前彎腰，並慢慢地充分地呼氣。

＊站直，吸氣，再保持充分自然的呼吸。

＊慢慢地呼氣的同時身體向後彎。

＊同上，站直，吸氣，身體向左彎曲，然後向右彎曲。

＊完成前後左右 4 次彎腰後，用適中的力量間歇地呼氣。

＊上述動作一共做 5 輪。

9. 充分自然呼吸加想像

這個練習將充分自然呼吸的鬆弛效果與肯定性自我暗示的醫療價值結合在了一起。

＊取練習一那樣的平臥姿勢，兩手輕輕放在太陽叢部位（上腹部肋尖處），做幾分鐘充分自然式呼吸。

＊每一次吸氣，想像能量進入肺部，並立即儲存於太陽叢處。

＊想像隨著每次呼氣，能量流到身體的各部分。在心理上形成能量不斷流動的圖景。

以上練習，每天至少一次，一次 5 ～ 10 分鐘。然後進行以下兩種變式練習。

＊第一種：一手放在太陽叢，另一手放到受傷或緊張的部位。當你吸氣時，想像能量是由肺儲存於太陽叢處，當你呼氣時，想像能量流到了需康復的部位。吸入更多的氣，呼氣時想像能量驅除了病痛。

＊第二種：與第一種基本相同，只是呼氣時想像是你指揮能量在驅除病變部位。

10．交替呼吸

對於緊張性頭痛，交替呼吸有明顯療效。

＊舒適地坐好，將右手的食指與中指放在額上。

＊用拇指關住右鼻孔，讓空氣慢慢地從左鼻孔吸入。

＊用無名指關閉左鼻孔，同時鬆開拇指，使空氣慢慢地無

聲地從右鼻孔呼出。

＊從右鼻孔吸氣，然後用拇指關閉右鼻孔，從左鼻孔呼氣。

＊從左鼻孔吸氣……如上反覆 5 ～ 25 次。

放鬆暗示減壓技術

這裡推薦一種整合了腹式呼吸、放鬆訓練、自律訓練與自我催眠 4 種療法，以放鬆與暗示為主要手段的減壓技術，我們稱為「放鬆暗示減壓技術」。放鬆暗示減壓技術的主要特點是：

（一）效果直接、顯著，感覺良好、有益身心。

（二）省時：每次不超過 20 分鐘。

（三）方便：熟練後任何時間、地點都能進行。

（四）經濟：無須任何花費。無副作用，無心理障礙。

1. 肩部放鬆

（1）用力聳起肩膀，向雙耳靠攏，收縮脖子後部、背部和肩膀上的肌肉。保持這個姿勢。深吸一口氣。

（2）屏住呼吸，保持緊張，把注意力集中到肩部的緊張上，收集起來，想像你正肩負著所有的任務和壓力。

（3）呼氣，將吸入的空氣徹底呼出。雙肩突然放鬆。同時心默念：釋放緊張、釋放壓力、釋放疼痛、釋放困擾。

（4）重複 (1) ～ (3) 的動作。

（5）體驗肩部放鬆後的舒適感覺，想像一下你正為一艘船起
　　錨，或是脫去一件被雨水淋透的外衣。

2. 手臂放鬆

（1）雙手同時握拳，緊緊握住，深吸一口氣，保持住。就像
　　手中攥著某個東西。確信自己將手握到了最緊。保持手
　　指緊緊合併的握拳姿勢，感受到其中的緊張，用盡全身
　　力氣緊握。

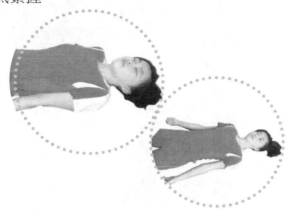

（2）慢慢地把手打開，手指往外伸展，同時緩緩呼氣。

（3）手臂僵直，舉在胸前，吸氣，屏住呼吸，並保持這種緊張感。感受二頭肌、三頭肌、前臂正充斥著緊張，開始呼氣。同時手臂放鬆，釋放緊張、壓力，讓它隨風飄散。

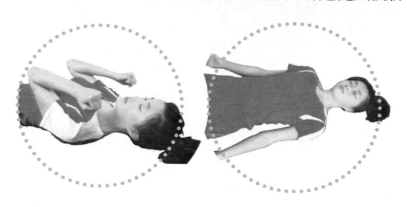

（4）重複 (1) ～ (3) 的動作。

（5）心中默念：「手臂沉重」，體驗放鬆後手臂慵懶倦怠狀的沉重感。

（6）沉重感獲得後，心中默念：「手臂漸漸發熱」，感受手臂沉重後的舒適的感覺。手臂越來越重，越來越熱，壓力如同融化的蠟一樣，順著手臂、手掌、指尖流出去。

3 · 雙腿放鬆

（1）將腳趾往下蜷起，蜷得越緊越好。繃緊小腿肚和大腿的
　　　肌肉，使其達到最大限度的僵硬。深深地吸氣，屏住呼
　　　吸的同時保持肌肉緊張。

（2）緩慢地呼氣，緩慢地放鬆腳趾，放鬆小腿肚和大腿的肌
　　　肉，感受雙腳和雙腿中的緊張與壓力被慢慢地釋放。

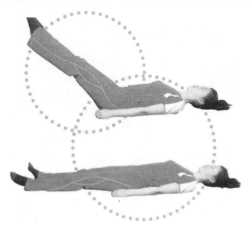

（3）重複 (2) 的動作。

（4）再次深呼吸。把雙腿想像成兩大塊浸透了水的布，潮濕
　　　而鬆軟。有點重，但很舒適。

（5）雙腿也漸漸開始發熱了，熱呼呼的。壓力和疲勞沿著雙
　　　腿流出體外，如同熱糖漿從藥瓶中淌出。

4．背部放鬆

（1）繃緊背部，用足力氣，弓成一個空心交叉的姿勢。同時深吸一口氣，保持這種緊張姿勢。

（2）注意力集中於背部肌肉，感受背部肌肉的緊張、酸痛、疲憊。

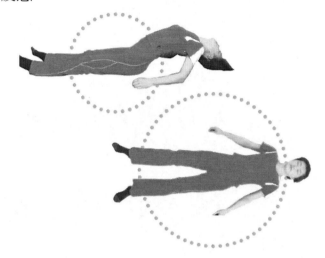

（3）突然鬆開緊張，背部與墊子（椅子）相碰觸。

（4）緩緩地呼氣，想像本來緊繃著的身體像一根突然鬆開的琴弦，全身軟軟地癱在墊子（椅子）上，壓力被一點一點地從背部擠了出去。

5．胸部放鬆

（1）用力擴展你的上半身，深吸一口氣，把空氣吸入你的胸
　　　腔，整個人體好像得到了擴張，保持這種緊張。

（2）突然鬆開緊張。

（3）緩緩地呼氣。

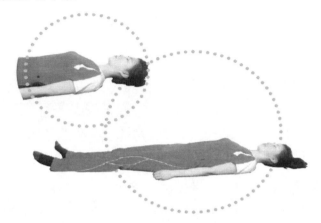

（4）感覺心跳變慢，血壓規律了，身心都比以前更輕鬆。

（5）在腦海中浮現心臟正在跳動的模樣，「撲通、撲通」的
　　　跳動會透過你的右手傳達到全身。

　　　此時的心臟如同蕩漾於漣漪之中的一葉小舟，在愉快的
　　　律動中舒適地搖擺。所有的緊張與壓力都成了盤子中的
　　　酒精，慢慢地蒸發和消失掉了。

意像冥想

意像冥想技術也是一種放鬆技術，它不需要做任何實際動作，僅僅是透過想像來獲得放鬆與體驗。

我開始深呼吸，也許要做三、四次徹底地深呼吸，讓自己更加舒適和放鬆。當我這麼做的時候，會特別留意呼氣時，空氣離開身體，我體驗到的各種感受。

每一口呼出的氣都能帶走體內的壓力，帶走擔憂，帶走不適。我能感受到身體上的肌肉在放鬆。這種感覺首先從頭部往下擴散，到達臉，到達肩膀，到達手臂，到達胸部，遍及整個背部，到達腰部。每呼出一口氣，我呼出了更多的緊張，呼出了更多的煩惱。

我在腦海中勾畫出一段樓梯，可以是任何樣子的樓梯。我可以規定這段樓梯的臺階數。也許它有 10 層臺階，我能看見自己正站在樓梯的頂端。我也許能感受到周圍的氣味和聲音，我可能會聽到鳥鳴聲或其他室外的聲音，因為外面的人正忙碌著，這是非常自然的。

所有的壓力都被裝進了行李箱或包裹。當車和飛機經過時，我可以想像自己將包裹丟了出去，落到了汽車、卡車、火車或飛機的尾部。當它們離開，聲音漸漸遠去，我知道緊張和壓力也隨之遠去了。

過一會兒，不是現在，但不用多久，我將從想像中的樓梯頂往下走。當我往下走的時候，我會數出每一層臺階。我很可能已經知道，每倒數一個數字，我會下一層臺階，我將感到更加放鬆、更加舒服。

我感到自己的腳好像要陷進地毯裡了，也許陷得很深，感覺很柔軟。我可能感覺自己需要欄杆的支撐，往下走的時候我用手扶著欄杆保持平衡。我知道自己每往下走一步都將更加放鬆、更加舒服。

現在開始。每下一層，我都能感到更加放鬆，更加舒服。或許我將看見某些圖形、圓形、三角形或正方形。我甚至可以為圖形填色，也許它是我過去的形象，也許它是變幻的圓圈，也許我能看到它的明

暗或形狀發生細微的變化，也許沒有變化。不管怎樣，它一直都在那裡，在這裡，能夠為我所用，可以幫我癒合，它只需要這樣待著。

在腦海中，我可以看見我向自己暗示的改變。當我準備好要這樣做時，我可以做幾個舒服的深呼吸。也許我會感覺到身體變輕了，也有可能是變重了。也許我還能感覺到我的手和手臂，也許是左邊，也許是右邊，變得越來越輕，好像要飄起來了，就像一片樹葉，很安全，在空中安安穩穩地待著，過了一會兒，吹來一陣風，很舒服，很安全，我整個人活躍並開放。

我可能會想像手臂上正繫著氣球。就像我小時候擁有的色彩絢麗的氫氣球。氣球使我的手臂感到越來越輕。我的手臂好像要浮起來了，就像氫氣球一樣。

我能在腦海中將它們畫出來。線條清晰，色彩絢麗，它們被繫在我的手臂上，此刻正輕輕地拽著我的胳膊，想要飄走。我的手臂也飄起來了，甚至離開了雙腿或椅子扶手。它們離開了一點還是很多，並不重要。我知道自己此刻的感受非常舒適，非常放鬆。

幾分鐘後，也許比我想像的時間更短，這段美妙的體驗將讓我感到很滿足。我知道自己可以隨時回到這種舒適和自控的狀態。只要舒適地深呼吸，使用剛才看到的意像，或全部的意像，或只要部分的意像，我就可以看見樓梯，深呼吸，重新感受到這種放鬆。

我進行的每次深度放鬆練習，都將使我更輕鬆、更容易地重回這種狀態。每次重新回到這種狀態時，我能更加放鬆，更加舒服，增強自我控制。因為我享受這種舒適與自控的感覺，我將越來越容易獲得這種感受。

如果我想進入睡眠和夢鄉，這可能就是我的意圖，我可以從 0 數到 20 或 30。在數的過程中，我將漸漸陷入沉睡。或者我可以回到精神煥發、清醒警覺的狀態，只要從 0 數到 5。當我開始數時，每數一個數字，我都感到更清醒，更警覺。0、1、2、3……，當我眼睛睜開時，我完全清醒過來，神清氣爽。

爬上台階：自我檢驗

各位，試過上述方法，你有什麼感覺呢？我身體的各部位都已經放鬆了，現在我要享受這放鬆後寧靜而舒適的感覺。

再做三四次徹底的深呼吸，每次吸氣時能將新鮮的空氣帶進身體，呼氣時能將用過的空氣排出身體。就像一隻風箱，吹著健康的風。每一口呼出的氣都能帶走體內的壓力，帶走擔憂、不適。就像一隻正在煮著水的茶壺，蒸汽從茶壺中跑出來，釋放了壺中的壓力。

腦海中出現一幅畫面：我能看見自己正站在樓梯的頂端，感受周圍的氣味和聲音，如鳥語花香。如果我聽到車駛過或飛機從頭頂飛過，我知道自己可以把所有的緊張、所有的壓力都裝進手提箱或包裹，扔到汽車或飛機上。當它們的聲音漸漸遠去，我知道自己的緊張和壓力也隨之遠去了。

馬上我要下樓梯了，它也許有 10 層臺階，當我往下走的時候，我會數出每一層臺階。每下一層，我將感到更加放鬆，更加舒服。

10. 從樓梯上走下第一步。我很驚喜地發現自己擺脫了不少緊張。就像任何旅途中邁出的第一步，第一步是很重要的。放鬆。

9. 第二步，我能感覺到自己好像在舒適、晴朗的天氣裡散步。我走得越遠、下的臺階越多，感覺越舒服，離煩惱和擔憂越遠。

8. 緊繃的感覺慢慢變得鬆懈，緊隨而來的是溫暖和涼爽的感受。

7. 我能看見許多色彩。也許是樓梯或牆壁的顏色，或者是天空、是牆上圖畫的顏色。灰色能帶來一陣涼爽的風，吹遍我的全身；明亮的藍色帶給我陽光直射時的溫暖。

6. 我下到樓梯的一半了。我看到綠色，就像室外的草坪。看到紅色、粉紅色或黃色、金色、棕色，甚至是黑色或白色，這些顏色交織在一起或清晰地分開，像是從萬花筒中看到的畫面，在深度放鬆中，我看到色彩繽紛的彩虹、帆船、小艇、氣球。

5. 我繼續往下走，放鬆的感覺傳遍全身，如此地舒服、安全，我正在享受這種體驗，知道我可以到自己嚮往的任何地方遊玩。

4. 感到越來越放鬆。

3. 下到樓梯的一個新高度。我能感到身體的溫暖，或者是涼爽。整個人仿佛置身於一幅油畫，或某個景點。

2. 快要到了。

1. 我感到了深度的放鬆。我已經到達了寧靜平和的境界。我的手臂變得越來越輕，好像要飄起來了，就像一片樹葉，我可以肯定地說：我正在積極地改變！

本森放鬆法

這方法是一位心臟病學家赫伯特·本森在 20 世紀 70 年代提出的。當時，他的目的是為了說明心臟病患者減少導致身體損害的刺激，後來演變成一個廣泛應用的放鬆方法。

練習這一方法時，首先應該找到一個讓你心情平靜和放鬆的目標——誘導物，用於訓練過程。常用的誘導物有：能讓你放鬆的聲音或語句（如聽大海的浪濤聲，或默念「放鬆」）；或是優美的特殊的東西（也許是一幅虛幻的畫）：或是能讓你平靜的情景（如鄉下某個幽靜的地方，或海濱的沙灘）。

練習時，做到以下幾點有助於你的放鬆效果：

（1）閉上眼睛以一個舒適的姿勢坐著。想像你的身體逐漸變得發沉和放鬆。用鼻子吸氣，並把注意力集中於你的吸氣過程。呼氣時，注意心理感受，且呼吸要自然、放鬆。

（2）不要擔心自己能否掌握這一方法，按照節奏讓自己緊張和放鬆。練習時，會分散注意力的思維可能會進入你的腦海，對此不必擔憂，也不要沉溺，只要注意你的心理感受和呼吸。

（3）練習持續的時間就是你能感到放鬆的時間。這一過程有的需要 2 分鐘，有的需要 20 分鐘，結束練習的判斷標準是你感到了放鬆。當你完成練習後，閉上眼睛靜靜地坐一會兒，然後睜開雙眼。注意起身時，動作不要太快、太猛烈。

靜坐減壓

梁啟超先生說：「每日靜坐一二小時，求其放心，常使清明在躬，氣志如神，夢劇不亂，寵辱不驚。他日一切成就，皆基於此。」

靜坐放鬆的方法：

＊找一個安靜無人打擾的地方，保證自己感到很舒適。脊背挺直以減輕腰部承受力。輕輕閉上眼睛，集中注意力。

＊身心放鬆，自然呼吸。首先調整呼吸，吸氣時，腹部鼓起來，想像肚裡充滿新鮮的空氣；呼氣時，小腹內縮。呼吸深長、舒緩。

＊用意念使全身放鬆。從頭→肩膀→手臂→手→腰→大腿→小腿→腳趾頭，一一放鬆，甚至每一寸肌肉都變得放鬆和舒展。

＊排除雜念，集中心念。想像自己心中充滿陽光，慢慢放大。排除濁氣，吸進新鮮空氣；想像自己在河邊、在花叢中，享受陽光、空氣、海浪的撫摸。想快樂的事，想幸福的事，臉上充滿微笑。

＊收尾，對生命和心靈表示感激。

中醫學認為，「靜者壽，躁者夭」、「靜者藏神，躁者消亡」。美國卡巴金博士認為靜坐練習不是什麼操練，而是一種生活方式。

發呆減壓法

生活中，我們都會有這樣的經歷：開會的時候，聊天的時候，自己會有一段時間愣神，明明聽著別人講話，腦中卻一片空白，什麼也沒聽見。這是在發呆，發呆是正常人的一種心理調節，偶爾發呆無傷大雅，還有利於健康。

發呆是一種專注的無意識。它可以幫助人們減輕疲勞，對大腦來說，是很好的休息。處在這種狀態下的人們不願意思考，使自己停滯在一個安靜的氛圍裡，忘記一切。會發呆的人，覺得發呆是一種享受，因為發呆的時候可以放開所有，不再有煩惱和憂愁，整個空間都屬於自己。因此，在發呆的時候，人是輕鬆、快樂的。

發呆能創造純淨的自我空間，安靜的冥想可以促進血液循環，為組織器官輸送大量的氧氣和營養，對減少焦慮有明顯作用。

發呆已成了一種時髦。

據了解，在某些年輕人中，「發呆」成了一種時尚，特別是一些處在緊張工作節奏下的白領，很喜歡到某個風景秀麗的地方發呆。在上海某網路公司擔任主管的江先生每年都會躲到一個地方發呆。他說自己經常會跑到海邊的一個渡假村，關掉手機，和外界斷絕聯繫。

每個清晨和黃昏，他就這麼一個人坐在海邊，對著大海發呆，似乎什麼都在想，又似乎什麼都沒想，茫然地任大腦處於「意識流」狀態。他很享受這樣的時光，似乎能掃除所有的煩惱。幾天後，他就會收拾心情，以全新的狀態重新投入到工作中。

像江先生這樣的狀態屬於有意識的發呆，即迫使自己活在自己編織的世界裡，跟外界快節奏的生活隔絕，進行自我放鬆。找個安靜的地方，呆坐一下午，或者跑到一個遙遠的地方，對著美麗的風景冥想，都是減壓的好辦法，能讓心情愉快很多。

靜默療法

超覺靜默起源於古印度哲學瑜伽（yoga）學派。瑜伽術也有許多門派，超覺靜默是以心理鍛鍊為中心的心理自控療法，其要點是端正姿勢，調控呼吸，閉目安神，內視自己，控制感覺，把意識集中於一點，逐漸進入萬念皆空的境界。

全套的超覺靜默法分以下三個連續進行的階段：

（1）調整姿勢，基本姿勢是「靜坐」

傳統的靜坐方式是「結跏趺坐」，但較難掌握。現在可採用「穩坐」姿勢，即盤腿而坐，此種靜坐也被用來強身治病。

＊左腿彎曲，腳尖的一半插入右大腿的下邊。

＊右腿彎曲，插入左腿腿肚下邊。

＊為了保持上身正直，可以坐在一個厚坐墊上。

＊雙目輕閉，下頷稍微內收，面向正前方，兩肩自然下垂，兩手掌輕輕放在大腿的中央位置，手指併攏，手腕放鬆。

（2）調整呼吸，即所謂「調息」

根據呼吸系統功能接受「隨意神經」和「自主神經」雙重支配的特點，調息可以透過「自主神經」，調整內臟器官和大腦。開始是自然呼吸（胸式呼吸），慢慢練深呼吸（腹式呼吸）。先儘量慢慢鼓肚子，深深地吸一大口氣，接著再慢慢地瘦肚子，把氣緩慢地吐出來，如此反覆練習。

經長期鍛鍊後，呼吸次數可以逐漸減少。剛開始 1 分鐘十幾次，以後減到 7 ～ 8 次，最少可以減到 5 ～ 6 次。調息要慢慢練習，不要急於求成。堅持鍛鍊，功到自然成。

為了排除雜念，集中精神，可以應用「數息法」，即默數呼吸次數。練習腹式呼吸，同時數息，心身結合，效果最好，可以達到萬念俱空，大腦像晴空一樣清澈明快。

（3）默念具有真理性的「真言」

默念真言時，要繼續原來平緩的腹式呼吸，但自動停止數息。這時的腹式呼吸比數息時稍淺、稍輕。默念真言時，雙手抬起，在體前正中央處搭在一起，右手在下，左手在上，拇指抬高，右手拇指指甲頂在左手拇指指肚上部。佛教徒在作超覺靜默時，採用的真言是「南無妙法蓮華經」。

我們的目的在於運用超覺靜默強身治病，應當選擇有益於心身健康的真言，如採用《黃帝內經・素問》中「志意和，則精神專注，魂魄不散，五臟不受邪矣」和「精神內守，病安從來」真言；或者採用當代人們更易理解的真言：「放鬆，入靜可以防治疾病。」原則上，選擇的真言應是真實的代表人們的願望、信念和經過努力能夠促使其成功的座右銘。

生理學研究指出，超覺靜默的過程和身體積累壓抑的過程恰恰相反，壓抑導致心率增高、呼吸加快、血壓升高和精神激動；超覺靜默則降低心率、減慢呼吸、降低血壓，導致全身鬆弛。

在超覺靜坐的過程中，氧氣的消耗量迅速降低，故可大大減少入睡時間，使失眠徹底消除。此外，超覺靜默對於各種心身疾病，如高血壓、冠心病、潰瘍病等的治療也有明顯效果。

專注能力練習

「注意」是伴隨心理活動對一定物件的指向與集中，對心理活動起著選擇、定向、調節、監督、保持與維持的作用。「專注」是指將心理活動有意識地指向和集中於一定的目標，這樣的練習可以提高練習者集中注意力的能力和延長注意力的穩定性。

良好的注意力能夠促使人們加強對自我心理活動的調節能力，緩解過大的心理壓力，排除內外因素的干擾。同時，專注是一種自我覺察方式，是活在當下的途徑，是對生活的承諾。

現代心理學研究發現，專注可以幫助人們緩解壓力，促進免疫系統，減少慢性疼痛，降低血壓，還可以幫助病人應對癌症。每天花幾分鐘主動專注於當下的生命體驗，可緩解壓力並減少心臟病的風險。

一般而言，有意識地集中注意力需要身體和心理能量的支持，所以注意力集中的練習應當在身體和情緒狀態較好的情況下進行，並且依照自己的注意力調整練習的時間和頻率，練習完後要注意休息。

下面，如果你願意就請選擇一個安全、溫暖、舒適而又安靜的環境，關掉你的手機，去掉身上的飾品、眼鏡和手錶等物品，換上一件寬鬆的衣服，開始提高專注能力的練習。

1. 視覺集中法

用眼睛注視某個目標，是高效幫助練習者提高專注力的方法。

（1）為自己的練習找一個靜止的注視點，可以是房間裡的裝飾物，也可以是牆上的某處圓點。但注意不要使用電燈等發光的物品，以免長時間的注視後傷害眼睛。注視點的高度以你坐下以後便於平視為宜，距離你 2 ～ 5 公尺為佳，方向一定要便於你練習直視。

（2）在恰當的距離選一個舒適的位置坐好，緩緩地挺直你的脊背，頭部輕輕地抬起，眼睛向前方平視，選好你的注視點。

（3）調整一下呼吸，然後凝視你的注視點三十秒至一分鐘，可以自由地眨動眼睛。

（4）閉上雙眼，在頭腦中回憶你的注視物三十秒至一分鐘。

（5）再次睜開眼睛，更加仔細地凝視你的注視物，請注意它的形狀、顏色、質地和光澤。

（6）一段時間後，再次閉上眼睛，更加詳細地回憶你的注視物，注意回憶它的形狀、顏色、質地和光澤。

（7）就這樣，再緩緩地呼吸，反覆地練習。

（8）隨著練習次數的增加，你可以逐漸延長凝視和回憶的時

間，例如由最初的一分鐘延長至三分鐘，注意力集中的能力會逐漸提高。

經過注視固定物品的練習後，你也可以使用同樣的方法來做注視鐘錶的秒針等移動注視點的練習，以提高注意力的穩定性。經過一段時間的練習後，大家就可以很容易地在睜著眼睛的狀態下，快速地進入放鬆舒服的催眠狀態中。

2. 聽覺集中法

這是利用耳朵「守住」某個聲音，練習和提高專注力的方法，按照這個方法練習可以逐漸提高自己的專注能力。

（1）為練習準備一個節拍器、鐘錶或者普通的音響設備。

（2）將節拍器、鐘錶放在距離自己較遠的位置，或者把音響設備的聲音儘量調小，以自己能夠勉強聽到為宜。

（3）在練習中注意調整聲音的音量，如果聽不到，可以將聲音稍稍調大，直到勉強能夠聽到為止。

（4）選擇一個舒服的位子坐好，慢慢閉上眼睛，去靜聽這些微弱的聲音。

（5）慢慢調整自己的呼吸，有助於你更加清晰地聽到聲音。

（6）每次練習的時候為自己規定一個時間，然後逐步延長練習的時間，可以由最初的幾分鐘，延長到十幾分鐘。

3. 呼吸集中法

我們可以利用意識對呼吸動作的調節作用，將大腦和身體的活動有機聯繫起來，練習和提高專注力。

（1）找一個舒服的姿勢坐下來或者躺下來。

（2）按照腹式深呼吸的方法做幾個深呼吸，呼吸時要做到深、長、細、勻。

（3）按照自己喜歡的速度，進行正常速度的腹式呼吸，嘴巴微微地張開，要鼻呼鼻吸。

（4）在呼吸時把注意力集中在鼻孔和上嘴唇之間的位置，體

驗進氣和出氣時氣流經過那裡時的感覺。

（5）仔細體驗氣流的大小，溫度，及經過時舒服的感覺。

（6）就這樣慢慢閉上眼睛，把注意力集中在鼻孔和上嘴唇之間的位置，體驗進氣和出氣時氣流經過那裡時的感覺。

隨著注意力的集中，你的感覺會越來越明顯，呼吸會越來越均勻。有的朋友可能會在這個練習中睡著，但是不要緊，休息好之後你自然會醒來，每天做十幾分鐘這樣的練習會使你得到更加充分的休息，壓力也隨之減輕了，整個人就會感到非常輕鬆。

按摩

按摩是很好的放鬆方法，有助於減輕肌肉的緊張，加速體內的代謝，可以減緩壓力，放鬆焦慮的心情，減慢心跳的速度，並帶來舒適和放鬆的感覺。

說到按摩，我們會自然聯想到 SPA。巴厘島或歐洲的 SPA 最正宗。走進 SPA 的理療間，聞著芳香精油散發的味道，先來一杯熱飲，讓身體溫暖起來，把老化的皮膚角質交給牛奶、燕麥和海鹽，在寬大的按摩浴缸中放鬆每一根神經，把壓力和污垢一併趕出體外，是一種不錯的減壓方式。

根據年齡、膚質和體質量身定做一套適合自己的 SPA，每週 2 個小時，就能有成效。一個好的按摩師不會與你說話，但卻能讓你身心得到完全的放鬆。如果感到 SPA 太貴，也可自我按摩。

1. 按摩前額

（1）坐在一張舒適的椅子上。

（2）背部不要緊靠椅背。

（3）將雙手的指尖放在兩眉上，使用適當的力氣將指尖向兩

邊滑過，直到太陽穴為止。

（4）緩慢地按揉這個區域。

（5）將指尖向回運動，重複以上動作。

（6）將你的手掌成杯狀罩在眼鏡上方，輕輕按揉。

2. 按摩頸部和肩部

（1）坐在一張舒適的椅子上。

（2）背部不要緊靠椅背。

（3）將右手放在左肩上，按摩頸部和肩部緊張的肌肉。

（4）重複幾次後，以同樣的方式按摩右肩。

（5）將右手放在左肩的頂部，以很小的半徑畫圓。

（6）在做以上動作時，指尖放在肩後，從脊柱到上臂頂端按摩後肩。重複幾次後，以相同的方式按摩右肩。

3. 按摩印堂穴、神庭穴

印堂穴在兩眉連線的正中間。按摩時將中指放在印堂穴上，用較強的力道點按 10 次。然後再順時針揉 20 ～ 30 圈，逆時針揉 20 ～ 30 圈即可。

神庭穴在印堂穴上面，髮際正中直上半寸左右，按揉方法與印堂穴相同。按壓這兩個穴位對消除頭痛頭昏，恢復大腦的活力有奇功異效。同時按摩，互相補益，則效果更佳。

4. 雙手梳頭

用自己雙手的指頭來梳頭。雙手梳頭可使氣血流暢，頭髮光潤烏黑，所謂「手過梳頭，頭不白」。用手指梳頭，即以兩手十指自額部前髮際開始，由前向後梳到後髮際，動作以緩慢柔和為佳，邊梳邊揉擦頭皮更好，次數不限，時間約為 10 分鐘。會有一種頭腦清新，耳聰目明的感覺。在家按摩時，若配點輕音樂就更好了。

芳香精油療法

芳香減壓的原理與大腦邊緣系統有關。芳香放鬆劑有助於平緩壓力，產生低頻腦波，讓心情平靜放鬆，抵抗沮喪。

玫瑰解憂、黃春菊緩解緊張情緒、薄荷油鎮靜神經、薰衣草平衡情感、香檸檬幫助消解焦慮、紅木緩解壓力、柑橘有溫和鎮靜作用。

緩解精神壓力的芳香療法：

（1）檀香 2 滴 + 玫瑰 2 滴 + 橘子 6 滴，可使人鎮定、放鬆，減少生活的窒息感。

（2）薰衣草 2 滴 + 花梨木 2 滴 + 快樂鼠尾草 1 滴，拋卻煩惱，讓身心徹底放鬆。

（3）洋甘菊 10 滴 + 天竺葵 10 滴 + 薰衣草 10 滴 + 向日葵油 30 毫升。直接聞嗅或外出時利用手帕吸嗅。

提示：居室以薰香方式放鬆身心；在辦公室可用玻璃杯吸入蒸氣。與此同時，如能用溫熱的濕毛巾覆蓋於胸口，更有利於消除胸中鬱悶。

消除疲勞的芳香療法：

（1）葡萄柚 3 滴 + 雪松 1 滴 + 迷迭香 1 滴，或茉莉 1 滴 + 檸檬 6 滴 + 鼠尾草 3 滴，可提振精神，促進腦部活力。

（2）迷迭香 1 滴 + 薰衣草 1 滴 + 洋甘菊 1 滴，這是消除疲勞簡易可行的精油配方。

（3）杜松子 3 滴 + 鼠尾草 3 滴，或檸檬 3 滴 + 鼠尾草 2 滴，可調整身心，有助於迅速消除疲勞。

提示：滴在手帕上或製成小瓶隨身攜帶，以便工作時使用，臨睡前不宜使用。早上起床後或晚上需加班時用比較合適。用以上精油做局部按摩，可促進血液循環、增進活力。

宣洩減壓

在小說《羅賓漢》中，羅賓漢告誡年輕的隨從：「把你的煩惱統統講出來。講了，心情就舒暢了。就像水漫堤壩就需要開閘放水一樣。」這位民間傳奇人物話語中蘊含著深刻的生活哲理。

吐出心中的苦悶煩惱是一劑良藥。南衛理公會大學的心理學家詹姆斯·彭尼貝克對羅賓漢的忠告作了科學的論證。在一系列的實驗中，彭尼貝克讓受試者表達出最使他們苦惱的情感，從而取得了良好的治療效果。

宣洩，意指一個具有侵犯性傾向或情感的人，如表現出若干攻擊性活動（包括想像中或替代中的），其侵犯性傾向和情感強度就會減弱。宣洩一詞最先由古希臘大哲學家亞里斯多德提出。他在討論悲劇的作用時認為，悲劇可以宣洩人們內心的情緒和淨化人們的心靈。

佛洛德首次將宣洩的概念引入心理學，指出每個人都有一個本能的侵犯能量儲存器，在儲存器裡，侵犯能量的總量是固定的，它總是要透過某種方式表現出來，從而使個人內部的侵犯性驅力減弱。

宣洩可以分為直接宣洩與間接宣洩兩種。直接宣洩即指直接針對引發不良情緒的刺激（人或物）發起攻擊，表達情緒。間接宣洩則是當直接攻擊行為不恰當甚至不合法的時候，透過其他各種間接的方式，把自己的情緒表達出來。

這裡介紹幾種宣洩方式，職場人士都用得上。

1. 哭

在日常生活中，當某人因某事而悲傷、痛苦之時，每每會有痛哭流涕的表現。而他周圍的人，都一個勁兒地勸他不要哭。當他不哭了，大家都以為平安無事了，一切都好了。

錯！哭對於憂傷的人、痛苦的人、身負巨大壓力的人，有益無害。在親朋好友面前大哭一場，並盡情傾訴心頭的委屈與

痛苦，是一個非常好的心理釋放過程。這是因為，哭作為一種純真的情感爆發，是人的一種保護性反應，是釋放體內積聚的神經能量、排出體內毒素、調整機體平衡的一種方式。

1957 年，美國化學家布魯納率先發現，動感情的眼淚與因洋蔥刺激而流出的眼淚，其化學成分有較大區別，後者的眼淚中所含的蛋白質比前者要少得多。

美國生物學家福雷也發現，一個人在悲痛時所流出的眼淚與傷風感冒或風沙入眼流出的眼淚，所含的化學成分也不同。他指出，一個人在正常哭泣時，流出的眼淚只有 100～200 微升，即使是一場嚎啕大哭，也只有 1～2 毫升。但在這些逐漸流出的眼淚中，含有一些能引起高血壓、心率加劇和消化不良的生化物質。

透過哭泣把這些物質排出體外，對身體當然是有利的。他甚至認為，男性胃潰瘍患者之所以高於女性，可能是男性受傳統的「男兒有淚不輕彈」的社會心理影響，強制自己不哭造成的。

醫學心理學認為：哭能緩解壓力。有這樣一個實驗：心理學家給一批成年人量血壓，然後按正常血壓與高血壓分為兩組，分別詢問他們是否哭泣過？結果 87% 的血壓正常者自承有過哭泣的行為，而高血壓患者大多數都說他們沒有哭泣或極少哭泣。

我們不可能也沒必要像演員那樣硬擠眼淚，但在承受巨大壓力的時候，在適當的時間、適當的地點、適當的人面前，痛痛快快地哭一場，沒什麼不好，也沒什麼不可以。

2. 去發洩室

商品社會最大的好處，就是你有什麼需要，社會就會對你提供什麼樣的服務。聽說過「發洩室」或「出氣吧」嗎？在那裡，可以把想打的人痛打一頓，把想罵的人痛罵一番。（西方和

日本的大企業，提供這種場所。）

在法國出現了一種新興的消費場所——運動消氣中心。中心有專業教練指導，教人如何大喊大叫、扭毛巾、打枕頭、捶沙發等，做一種運動量很大的「減壓消氣操」，在這個中心裡，上下左右都佈滿了海綿，任人摸爬滾打，縱橫馳騁。

美國有一個專為白領服務的網站曾建議白領可隨身攜帶一個小皮球，鬱悶的時候、要發火的時候，就狠狠地捏它一下。

3. 替代性發洩

去看拳擊比賽、散打比賽、足球比賽；去看暴力片、恐怖片。英國專家建議：人們感到工作有壓力，是源於他們對工作有責任感。此時他們需要的是鼓勵，是打起精神。

所以，與其透過放鬆來克服壓力，不如激勵自己去面對充滿巨大壓力的情境。

4. 把壓力、煩惱寫出來

我們都知道壓力大了就需要來發洩一下，但是如果拿身邊的人來撒氣，會讓無辜的人受到傷害，那麼最好的辦法就是向紙張來傾訴。

紐約州立大學最近的一項研究發現，人們只要將自己的不快在紙上書寫 20 分鐘，就可以減少很多的壓力。來吧，用筆和紙來宣洩出你所有的不愉快和不滿吧。

把壓力、煩惱寫出來，哪怕有點誇張——「為賦新詞強說愁」。美國心理學家曾做過一個有趣的實驗：他們讓一組被試寫出自己的壓力與煩惱，另一組被試則寫日常生活中的一些普通話題，每 4 天一個週期，持續 6 周。結果發現，前一組被試的行為表現更為積極，心態也更為平和。

在另一項實驗中，心理學家讓被試表達出最使他們苦惱的情感，同時也取得了良好的效果。在實驗中，被試連續 5 天，每天都用大約 15 分鐘的時間寫下自己「一生中最痛苦的經歷」，

或「當時最令人心煩意亂的事情」。

這種自我表白的方法效果奇佳，被試的情緒得到了很好的調整；因病缺勤的天數大大減少；免疫功能也有所增加。受試者的免疫力增強了，隨後半年裡去看病的次數大大減少，因病缺勤的天數也減少了，甚至肝功能也得到了改善。

此外，受試者對其痛苦情緒越是無保留地表白，其免疫功能的改善程度就越大。研究發現發洩愁悶情緒的最佳方式是：先把悲傷、焦慮、生氣等情緒統統表達出來，接著，花幾天時間把它們寫在紙上，最後，從心靈的痛苦中找出某些有意義的東西。

還有一種更為直接的方法就是寫壓力日記、部落格，或者使用其他社交通訊軟體，把引發你壓力的事件記錄下來，再作理性分析，然後找出相應的正確應對方式。同時也可以將自己的煩心事與朋友分享，尋求安慰。

在生活中，有時感到頭腦裡亂成一團糟，煩心的事「剪不斷，理還亂」。你可以把壓力羅列出來，「一、二、三、四」排列出來，然後，你可能會驚奇地發現，有些壓力根本算不上什麼，而有些壓力只要各個擊破，則可一一化解。

5. 射飛鏢

把今天令你受委屈的人的相片拿出來放大，做成圓形的飛盤，眼睛十分，鼻子七分，嘴巴五分，頭髮一分，射射看，你能得幾分？或者更簡單些，把他的名字或手機號碼，只要是能象徵那個令你受氣的人就行，寫在紙上，開始射射看吧，不必遵守射飛鏢的規則，你想離多近就多近，那會增加你的命中率。

不必看得太重，你只是在玩玩而以，沒有人會把你當作神經病的，有必要的話，邀請你的同事、朋友一起參加，射中了，你會產生一種怒氣全消的舒服感。

我們要宣洩，也要適度。這裡來談談適度的問題。

（1）「適度」是指反應強度與刺激強度相匹配。舉個小例子，如果你的上司了為工作的事批評你，立刻就嚎啕大哭，這屬反應過度，也就是反應強度與刺激強度不匹配。

（2）「適度」還指宣洩要在合適的時間、地點、環境中進行。如果你在客戶那裡受了委屈，你可不能當著客戶的面就發作、宣洩，因為客戶是上帝！如果你參加朋友的婚宴，菜不好吃，或者有衛生問題，你也不能當眾就罵起來，因為那會使你的朋友尷尬甚至憤怒。

生活就是一種矛盾，你不宣洩對不起自己；你宣洩不當又得罪了別人。在這二者之間尋求一個平衡點，那就是人生的藝術！

積極的自我暗示

在 1976 年夏季奧運會上，有那麼一分鐘，無數人都屏住呼吸在電視螢幕前觀看舉重比賽。瓦西里・阿列克賽耶夫正在彎腰去舉任何人從未舉過的重量。

當阿列克賽耶夫成功地站起來，胳膊伸直，把那千鈞重量高舉在頭上時，人們才在雷鳴般的歡呼聲中舒了一口氣。在舉重界，500磅的重量一直被認為是人類不可逾越的界限。

阿列克賽耶夫以及其他人以前都舉過離這個界限相差無幾的重量，但從未超過它。有一次，教練告訴他，將要舉的重量是一個新的世界紀錄：499.5 磅。他舉了起來，教練稱了重量，並指給他看，實際上他舉起了 501.5 磅。幾年後，阿列克賽耶夫在奧運會上舉起了564 磅。

從這一實例可以看到，阿列克賽耶夫先前在心目中有一個消極的自我暗示——500 磅的重量是不可逾越的。教練用「欺騙」的手法

打破了他這種消極自我暗示。緊接著又予以積極的肯定暗示，故而取得了成功。由此可知，暗示的力量可以挖掘出人類非凡的體力潛能。

在瑞士的羅薩妮，一位年輕的姑娘在屋子裡，看著各種顏色的光線在牆上飛舞。她做了個滑稽的動作，向前伸出自己的手臂，同時向各個方向轉動自己的腦袋。

她想像著一股清爽的微風正在吹拂著她的面頰，感到自己完全放鬆了。從屋裡小電視螢光屏上傳來醫生悅耳的聲音，她也跟著他重複那些肯定的句子：「身體放鬆改善了我的滑雪競技狀態。我更具有挑戰能力了。我對自己的滑雪技術充滿了信心。一開始就能集中精力，完全不害怕人群、電視鏡頭、計時器或事故。」

這是用一種名之為「協調意識學」的訓練方法，可以使運動員調節自身的狀態。它是透過放鬆與呼吸訓練使人入境，再經由想像和肯定暗示來調整心態。說到底，還是一種自我暗示。

藤本上雄先生所著的《催眠術》一書中還記載了這麼一件趣事：他的一個同學，有一年開車去瑞士旅行，車行至山中時感到口渴難耐，就在路邊秀麗而清澈見底的湖中用手捧水喝。喝完水後，突然看到告示牌上用法語寫著什麼。

他不懂法語，但看到上面寫的詞中有一個詞為 poisson，與英文中的詞 poison（毒）很相似，他以為上面一定是寫著「此湖水有毒，不能飲用」的字樣。於是心情驟然變壞，整個人都覺得不對勁，頭暈眼花，臉色蒼白，直冒冷汗，嘔吐不已。好不容易來到附近的一家旅館，他立即懇求旅館老闆去請醫生，並向他敘述喝過附近湖水的事。

老闆聽了這番話，哈哈大笑起來，說那是不准捕魚的告示，法文中的 Poisson 一詞是「魚」，比英語的「毒」（Poison）一詞多一個 s。聽完老闆的說明，他的病馬上就好了

多對自己說一些「我能！」、「我行！」、「我能面對壓力、應對壓力！」你的壓力感就會小，你的抗壓能力就能提高。

閱讀減壓

讀書不僅可以增長知識，還有益身心健康，幫助緩解壓力。當壓力增大、精神感到緊張的時候，適時讀一些好書，就會使自己超越現時現實處境，進入到書中的世界。心理上的壓力被解脫了，心情也就得到放鬆，從而達到一種心理上的平衡。

近年來，「讀書療法」在國外被廣泛運用。如德國、英國的不少醫院都設置了「患者圖書室」，鼓勵病人閱讀，使不少慢性病，尤其是神經系統及心理疾病的患者，因為閱讀而加快恢復，甚至有人很快就康復了。所以像義大利就則成立了「詩藥有限公司」，出版具有不同主治功能的詩集，供病人對症選讀。

閱讀調節情感。英國哲學家培根說：「讀書使人明智，讀詩使人靈秀。」晉朝大詩人陶淵明曾說，他讀書時，「每有會意，便欣然忘食」。蘇聯作家高爾基則說：「書，它會使你的生活輕鬆；它會友愛地幫助你了解紛繁複雜的思想、情感和事件：它會教導你尊重別人和自己；它以熱愛世界、熱愛人類的情感來鼓舞智慧和心靈。」所有這些表明，讀書具有調節情感，解除煩惱、憂鬱的功能，可使思想得到陶冶，智慧得以開掘；可使心靈得到淨化，排除各種私心雜念，使你的胸襟更加開闊。

閱讀可以幫助人們減少孤單與寂寞，能使人們平靜、放鬆、消除壓力甚至暫時忘記生活中的困擾。2009 年，英國蘇塞克斯大學的研究者發現，每天閱讀 6 分鐘，減壓的水準比聽音樂或者散步的效果高出三分之二以上。科學家分析認為，這是因為閱讀需要精神集中，這可以放鬆緊張的肌肉，降低心率。

好的書籍、文章、詩歌，宛如能對你進行心理疏導的醫生和擁有高尚情操的導師，可防止空虛，助人消除煩悶，解開憂鬱，忘卻痛苦。讀書療法作為治病的一種手法或輔助療法，幾乎對各種慢性病、心理疾病患者，都有一定的解悶、排憂、疏導、怡情功能。

科學家證明，讀優美典雅的詩篇，有利於胃潰瘍的癒合；讀笑話、喜劇和小品之類的書，有利於神經衰弱的醫治；讀情節曲折、引人入勝的古典名著，可治心煩意亂；讀故事生動、幽默風趣的小說，可治精神憂鬱等。

閱讀最好是大聲朗讀出來。在大聲朗讀時，副交感神經會加強工作，大腦得到放鬆，心情也就爽快了。朗讀可以降低血壓。據專家測定，高血壓病人在朗讀時可以使血壓降低，並且朗讀 20 分鐘可以使全身增加 10% 的熱量消耗，持之以恆可以有減肥功效。

朗誦猶如「健身體操」，可使大腦皮層的抑制和興奮過程達到相對平衡，使血流量及神經功能的調節處於良好狀態；朗誦猶如唱歌，能增加肺活量，使全身通暢，有怡情養性的獨特作用。

朗讀時的腹式呼吸對身心也大有裨益。朗讀會引起胸腹之間的橫膈肌上下大幅運動，從而促使肺吐納更多的空氣，這就是腹式呼吸。而平時人們多採用胸式呼吸，這是一種淺表的呼吸方式，橫膈肌運動幅度很小，難免有空氣殘留肺中不能充分排出。

朗讀時，尤其是遇到長句子，肺會徹底排空，轉入下一次吸氣動作時就可以吸入更多的新鮮空氣。橫膈肌動作加大還會向大腦傳遞放鬆的信號。接收到這一信號以後，大腦會向肌肉、血管發出緩解緊張的指令，血壓就會下降。

音樂減壓

　　欣賞音樂，不僅體現一種修養，滿足一種情趣，而且還具有減壓功能。音樂具有心理治療與物理治療兩種功能。節奏感強，音調激昂的樂曲，可增強信心，振奮精神。而節奏舒緩、單調和諧的樂曲，可使呼吸平穩、心跳規律、血壓下降，有助於調整神經系統的功能，造成鎮靜安神的作用。

　　當然，也不是所有的音樂都具有減壓的作用。英國科學家發表的一項研究報告顯示，速度舒緩的音樂能夠對緊張的情緒造成放鬆的作用。測試證明，慢節奏、比較安靜的音樂可以使人的呼吸器官放慢進氣和呼氣速度。當人的呼吸速度變慢時，人的血壓通常也會下降，而且對肺部也十分有益。

　　在這項研究中，研究人員邀請了 12 位元音樂人和 12 位未受過專業音樂教育的一般人參加生理反應實驗。研究人員選用了不同風格和節奏的音樂，其中包括節奏十分舒緩的印度古典樂曲、節奏舒緩的貝多芬第九交響曲、節奏較快的維瓦爾第的古典音樂、電子合成音樂和安東・韋貝爾節奏緩慢但變化較多的音樂。

　　研究人員要求每個受試者第一次試聽時按不同順序將所選的音樂片段聽兩分鐘，然後每隔兩分鐘，再聽四分鐘同樣的音樂。測試結果顯示，節奏較快且旋律結構比較簡單的音樂會加快人的呼吸速度，並使血壓上升，心跳加快。當音樂停止後，心跳、血壓以及呼吸速度都會開始下降，有時甚至會降到比原起點還要低。而舒緩的音樂能夠使心跳速度變慢。其中，印度古典樂曲讓心跳速度變慢的效果最明顯。

　　研究人員還表示，壓力和緊張的情緒都會對人的心血管系統產生負面影響，而音樂不僅能夠減輕人的緊張情緒，同時也能增加心血管疾病的治療效果。此外，音樂還能說明神經系統受損的患者在康復治療過程中改善其功能。

目前，國內市場上已有專門的音樂減壓光碟出售，不妨買兩盤回來聽聽。對於那些需要減緩壓力而又喜愛音樂的人士來說，使用音樂減壓的方法可能更為合適。

但用音樂減壓與一般的聽音樂還是有區別的，有些技術細節需要注意：首先，選擇好自己喜歡的音樂，選擇一個相對安靜的環境，把音樂播放機放在自己隨手就可以摸到開關的地方。然後，盡可能進入到放鬆狀態（用躺姿或坐姿均可，只要感覺到身體舒適即可，可參考前面所說的放鬆方法）。

這時，開始播放音樂（節選的音樂以自己喜歡的音樂為主），閉上眼睛。當自己全身放鬆後，根據音樂描述的意境想像自己躺在金色的沙灘上，和煦的陽光照在你身上，不遠處就是遼闊的大海，你的心情舒暢極了。還可以想像自己坐在湖邊的大樹下，湖水清澈。你也可以想像看見小魚在水中游動，樹上有小鳥在唱歌，一陣清涼的風吹過，你感覺到特別寧靜和安詳等。

當音樂結束時，不要急於把眼睛睜開，先想像一下自己所處的環境，自己躺（或坐）的地方，慢慢地回到現實中來，然後，再慢慢睜開眼睛，活動一下手腳，結束音樂減壓活動。

＊放鬆音樂推薦：

1. 班德瑞的輕音樂

《森林中的一夜》、《童年》、《安妮的仙境》、《追夢人》、《春野》、《初雪》、《海王星》、《迷霧森林》、《森林之月》、《下雪》、《靜靜的雪》、《安迪姆斯》、《紫蝴蝶》、《日本女孩》、《馬可·波羅》、《安妮的歌》、《日光》、《普羅旺斯》、《巴格達的星星》、《滿天星》、《黑風車》、《永恆之戒》等。

2. 鋼琴王子理查·克萊德門的輕音樂

《藍色的愛》、《夢中的婚禮》、《秋日的私語》、《少女的祈禱》、《野花》、《記憶》、《海邊的祈禱》、《星空》、《秘

密花園》、《給母親的信》、《威尼斯的旅行》、《愛的紀念》、
《愛之夢》、《綠袖子》、《德朗的微笑》、《柔如虹彩》、
《海邊的星空》、《思鄉曲》、《冷藏的愛》、《異國情》、
《夢裡的故事》、《天鵝湖》等。

3. 環保音樂家馬修‧連恩的輕音樂

《布烈瑟濃》、《海角樂園》、《飛鼠溪》、《棲蘭山雨》、《獨
角獸》、《歸鄉之翼》、《寧靜的安息》、《藍光》、《北極心》、
《大地之母》、《萬馬奔騰》、《北極心》、《歸鄉之路》、《哭
泣的雪特萊》、《吾愛》、《福爾摩莎》、《力氣與悲傷》等。

4.「神思者」的輕音樂

《熱浪》、《海神》、《阿普洛迪》、《南十字星》、《閃亮
的季節》、《西吉拉女郎》、《悲情城市》、《故宮的回憶》、
《故宮的日暮》、《再見，故宮》、《君臨天下》、《兩千
年之戀》、《堅強的靈魂》、《卡傑羅》、《月之石》、《地
之水》、《有你在的風景》、《航向絲路》等。

5‧喜多郎的輕音樂

《大蛇》、《宋家王朝》、《孫文與慶齡》、《戀慕》、《回
到越南》、《空海之旅》、《亞細亞》、《響宴》、《超越時空》、
《天山》、《長城》、《絲綢之路》、《大地的天職》、《地
平線》、《家長指引》、《創造》、《黑水城的幻想》、《黎明》、
《曼陀羅》、《天空》、《振奮》、《光環》、《遙遠的心之旅》、
《天空》、《鐘樓》、《千年女王》、《敦煌的隨想》、《宋
家三姐妹》、《菩提樹》、《大銀河》、《宇宙詩》等。

6. 川井鬱子的輕音樂

《聖哉經》、《南國遐思》、《紅色小提琴》、《激情》、《藍
月》、《永恆》、《紅色狂想曲》、《夏日風暴》、《綠色
思想病》、《小提琴的冥想》、《藍色鄉愁》等。

7. 賈鵬芳的輕音樂

《二泉映月》、《竹田搖籃曲》、《島歌》、《睡蓮》、《浪漫武藏》、《光舞》、《天狼星》、《博大的愛和理想》、《冬舞》、《人生的天空》、《遠雷》、《上路》、《山雪》等。

8. 久石讓的輕音樂

《夏天》、《天空之城（從天而降的少女）》、《幽靈公主》、《菊次郎的夏天》、《千與千尋》、《少年的黃昏》、《夏天的路》等。

9. 莎拉‧布萊曼的輕音樂

《告別的時刻》、《寂靜之聲》、《斯卡博羅集市》、《月亮河》、《雪絨花》、《畢業生》等。

10.「女子十二樂坊」的輕音樂

《流雲》、《敦煌》、《輝煌》、《大峽谷》、《自由》、《奇蹟》、《紫禁城》、《世界上唯一的花》、《夢裡水鄉》、《如川流的河水般》、《蝴蝶》、《勝利》、《東方動力》、《劉三姐》、《賽馬》等。

11. 其他輕音樂

《天佑女王》（英國國歌）、《對！我們熱愛祖國》（挪威國歌）、《優雅》（蘇格蘭風笛）、《黑眼睛的哥薩克姑娘》（蘇聯民歌）、《校園的早晨》（根據歌曲改編而成）、《德意志之歌》（根據德意志聯邦共和國國歌改編而成的輕音樂）、《櫻花》（日本名曲）、《友誼地久天長》（蘇格蘭名曲）、《雨中的戀人》。

唱歌

英國歌唱演員赫恰普菲爾女士在熙熙攘攘的倫敦金融區專門為都市「倦鳥」開辦了「唱歌減壓培訓班」。她說：「這裡的白領職員顯然充滿了緊張和焦躁情緒，當我上門發放培訓班的宣傳材料時，他們雖然在和我交談，卻幾乎沒有眼神的交流。」赫恰普菲爾把這一切歸結為競爭過於激烈，每個人都神經繃緊，想在工作中表現出色。

赫恰普菲爾認為，歌唱需要調動身體和精神的共同投入，因此整個人都能得到放鬆。「正確的發聲方法需要調動身體上的大部分韌帶，甚至你的手腕放在哪裡，都會影響到聲音效果。」她不但教學員練習唱歌，還帶來專業演員上臺前那一套放鬆緊張情緒的方法，比如做瑜伽、進行呼吸調整等。

她要求學員把自己的身體想像成一個空心的管子，空氣從中慢慢流過。她說：「我想用這種方式使忙碌工作的人們為身體充電、為自己減壓。」「預熱」活動結束後，赫恰普菲爾讓學員玩傳球遊戲，球停到誰的手裡，誰就唱一首歌。培訓班的學員茉莉說：「這就像是音樂情景對話，非常有趣，能讓你忘記一切煩惱。」

施密德小姐說：「來這裡學習前，我是一個徹頭徹尾的音樂菜鳥，但在她的鼓勵下，我發現自己居然達到了以前從來沒敢想像的音域。」她稱讚赫恰普菲爾的熱情非常具有感染力，能夠營造出一種輕鬆的氛圍，讓大家不再害怕在陌生人面前大聲歌唱。

「當我幾個月前第一次在班級裡演唱時，大概所有人都嚇壞了。但現在朋友們驚訝地發現，我不但歌唱得越來越好，性格也開朗多了。我推薦同事們都來試試，只要你喜歡音樂，哪怕你從來不覺得自己可以唱歌，也沒關係。」

《江南 style》

在緊張的勞動之餘，找幾個朋友或者自己在家，安排適當的時間跳騎馬舞，可以減少消化不良、肥胖、痔瘡、高血壓和動脈硬化等病症的發生，能夠促進大腦更好地休息，有益於夜間睡眠。這是因為適量跳舞能緩和神經肌肉的緊張，跳舞的過程可以舒緩精神壓力。

近日，韓國媒體宣稱，《江南 style》不僅憑藉歡快的元素風靡全球，其內在更有「科學」成分。這首歌曲透過簡單的重複節奏刺激身體反應和自律神經系統，對那些壓力大的精神科患者用該音樂進行治療後，他們表現得輕鬆自在，開心大笑並晃動身體，和平時大為不同。

文章援引韓國一位教授的話說：「《江南 style》中 5 個音節的核心節奏重複了 100 次以上。這個節拍數和慢跑 30 分鐘以上後呼吸急促、感覺興奮那一瞬間的心臟跳動數幾乎一致。聽到這個節拍後，自己會不自覺地晃動身體或跟著跳舞。」

參與體能活動

「生命在於運動」，沒有人對這句話有半點懷疑。對身體而言，體能鍛鍊的好處有以下幾點：

(1) 體能訓練可以增加肺活量，改善呼吸功能。在安靜狀態下，只需 10% 的肺泡呼吸，而在運動時，氧氣的需要量增加，大部分肺泡必須積極工作起來，吸進更多的氧氣。

一般人的肺活量在 3,500 毫升，運動員可達 5,500 毫升，愛運動的人比不愛運動的人多 1,000 毫升。由於改善了呼吸功能，就能保證大腦細胞的充足供氧，增加血液中的含氧量。

(2) 體能訓練能增強心臟的肌肉和功能，使心臟收縮有力，心臟輸出血量增加，從而使大腦供血量增加。此外，體能活動時

血液循環速度加快，改善大腦的血液循環，增加大腦小動脈的血流量，改善腦血管彈性。

（3）在體能活動中，腦細胞的活動有所轉換，負責體能活動的腦細胞興奮，而負責思考的腦細胞得到休息，有助於消除大腦的疲勞，因此體能活動實際上是一種積極的休息。

就減緩壓力而言，體能活動的好處有以下幾點：

（1）忘記煩惱

不管你的運動水準如何，只要你投入進去，必將進入寵辱皆忘的境界。你能一邊打球，一邊煩惱嗎？想做也做不到吧。

（2）愉悅心情

體能活動，特別是帶有娛樂性的，會讓我們變得很開心。比如，打一場籃球會讓我們的心情得到一次放飛。這種體驗，只要從事過體能活動的人都會有過。

（3）提高抗壓能力

一位資深健身教練說：健身並不一定能減輕人們的壓力，但一定能夠提高人們的抗壓能力。有研究發現，在經過約 30 分鐘的自行車運動後，被測試者的壓力水準下降了 25%。

（4）轉移注意力

參加體能訓練除了本身能夠運動骨骼與肌肉之外，最大的好處就是能夠使人從工作中脫離出來，將注意力得以轉移。

當然，進行體能活動也要講究科學，要考慮鍛鍊的強度，不要在疲勞情況下進行大強度運動，將有害而無利；要考慮項目的特性，看它是否具有長期堅持下去的可能性，自身的條件是否具備；要考慮自身年齡與體質特點，看看是否符合自己的實際情況。

下面推薦幾類運動項目供參考：

1. 慢跑快走

這對中老年人比較適合。它簡便易行，幾乎沒有條件的要求。慢跑、快走還對保持骨骼健康很有幫助，如果經常慢跑、快走，腿骨的密度平均要提高5%，每月9次以上，骨密度最大，即使每月只有一次，骨密度也有變化。有專家還驗證，慢跑和快走能提高「性」趣。同時，慢跑快走也是一種緩解壓力的好辦法。

2. 球類運動

球類運動，如籃球、足球、排球、乒乓球、羽毛球等都是很不錯的運動項目。撇開其鍛鍊身體的功能不說，它們至少還具備兩大優點：一是它具有很好的娛樂性，玩起來很有趣；二是它必然是多人遊戲，很利於人際溝通與培養團隊精神。如果由公司組織一個團隊，還能提高集體凝聚力，促進相互溝通，融洽人際關係。

3. 極限運動

這個專案適合於年輕人，尤其適合那種工作挑戰性特別強的人。攀岩、蹦極、登山探險……，這些極限運動能充分地表現自我、挑戰自我，其中，克服恐懼是最大的收獲。

每當到達頂點時，那種超越自我的快感是一種難以忘懷的樂趣，遊戲過程中表現出的勇敢也是對自己的一種證明。從事過這種運動的人，在生活工作中，在遇到困難、壓力時，會有一種「曾經滄海難為水，除卻巫山不是雲」的感受。

另外專家建議：無論你選擇什麼形式的體能鍛鍊，最重要的是避免傷病。下面有幾條安全要點：

（1）開始運動前需要熱身大約5分鐘，方法有原地輕快步行、跑步和伸展四肢；如果未經熱身，肌肉容易拉傷。

（2）運動量不要過大，應該逐漸增加；你的目標應該是感覺

發熱,脈搏加快,而不是筋疲力盡、上氣不接下氣。

（3）如果你感覺過度疲勞和疼痛,就停止運動;你的運動是
取樂,不是高強度訓練。

（4）如果你運動量較大,運動後感覺不適,就應去就醫。

另有研究者稱,中午是運動減壓的黃金時間。中午運動其實並不複雜,最簡單易行的方式就是散步。吃過午飯半小時後,可以去戶外散步。不過,散步時步幅要小一些,速度要慢一些,大約走 20 分鐘即可。如果有條件,還可以去打羽毛球、打乒乓球,或者做瑜伽。

相關研究證明,中午人的精力更旺盛,透過運動能刺激內啡肽更多地分泌,讓人心情平靜,身心放鬆。不過,中午鍛鍊的時間不宜過長,強度不宜過大,最好控制在 40 分鐘以內。力量訓練要少做,因為太耗體力,容易導致下午困倦。

有效管理時間

壓力大的人有個共同特點,那就是「忙」,時間不夠用。其實,「忙」不僅是工作量大,還有一個可能就是沒有有效地管理時間。

處於工作狀態的人們,通常每 8 分鐘會受到 1 次打擾,每小時大約 7 次,或者說每天 50 ～ 60 次。平均每次打擾大約持續 5 分鐘,每天大約 4 小時,也就是說每天工作時間的一半都是在處理沒有價值或者極少有價值的打擾。

實際上,每被打斷一次,一般要損失 10 ～ 15 分鐘的時間,所以,如果在 1 小時內接到 4 個電話,這個小時可能就全部損失掉了。況且,在電子化辦公的今天,我們還要經常處理一些垃圾郵件。

時間管理的重要性往往被我們所忽略,當去商學院學了 MBA 那些看似很耀眼的課程後,才發現最重要的一門課也許是時間管理。管理學中有個「不值得定律」,不值得定律告訴我們:**一流的人做一流**

的事情，不值得做的事情，堅決不做。

這個定律似乎再簡單不過了，但重要性卻時常被人們疏忘。英國博物學家赫胥黎說得很形象：「時間是最不偏私的，給任何人都是二十四小時，同時時間也是最偏私的，給任何人都不是二十四小時。」

為了更有效地利用時間，我們應該做到：按輕重緩急依次排列任務。由於每個活動的意義不同，精力應該花在重要又有價值的事上。

（1）改善效率法

學習最新的知識，掌握最新的工具，改進效率，本來要花 1 個小時的工作，想辦法變成 0.5 小時完成，這樣可以節省更多時間用於學習。

（2）推遲不必要的事情

通常你可以推遲甚至取消那些不重要的電話或會議，把時間留給真正重要的事情。如果這個會議不重要，何必白費力氣？

（3）盡可能有效利用資源

盡可能的發揮已有資源的價值，比如開多功能的見面會，做標準化的文本，重新推薦以往訪尋過的優秀候選人，多次使用稍加修改的同類信件或市場宣傳材料。

（4）以人替時法

能讓別人代勞的事情，自己就不要做，學會運用別人的時間。因為每個人的精力都是有限的，所謂有所為有所不為，把自己的精力和時間用在最能體現自己價值的方面。

（5）縮短電話和會議時間

絕大多數顧問都喜歡在電話上聊天，也許這就是很多人選擇這個工作的原因。不過要知道品質才是銷售的最重要因素，如果產品的品質過關，那許多電話和會議也許只需要 5 分鐘的時間就能達到 50 分鐘的效果。

（6）以錢購時法

交通方面，能坐飛機，就不要坐火車；如果能打車，就不要等公交；乘坐最快的、最有助於休息、學習的交通工具。

學習方面，採用最有效率的學習方法，能面授聽課就不看影片；能看影片的，就不買圖書。

（7）電話語言要簡明扼要

毫無疑問，日常的聯絡電話對於以人為本的服務行業來說是至關重要的。但是你要明白在競爭壓力與日俱增的情況下，這些電話並不比具體的服務更重要，所以打電話時要儘量簡明扼要地說明問題。

英國學者托尼・巴蒂森在《活力男士・疏解心理壓力》一書中提出的時間管理策略很有參考價值，謹錄於下：

1. 創造性地使用時間

（1）目標要訂得切合實際，辦得到。不要明知自己只能做多少工作，卻還要同意做多得多的工作。

（2）將要做的事逐條寫下，以示你的思路清楚。

（3）不要不知所措，應先決定好你要做什麼，然後再開始做。

（4）應為不同的事情準備好大塊時間，不要一件事只做了一部分，又跳出去做其他事情。

（5）如果有可能，將工作授命他人去做。

（6）採取團隊分工方式，讓家裡或工作中的每一個人都起一份作用。如果每一個人都能從結果中受益，例如計畫安排全家渡假，那團隊分工的效率就會更高。

（7）對於沒有刺激、被迫進行的活動，如修剪草坪或等候公共汽車，可以邊做邊思考別的事情。

（8）盡可能採用你想到的節約時間的技巧。

（9）自己給自己訂速，即保持穩定的工作節奏，為公共汽車晚點或會議拖延留出充足的時間。

（10）回顧一下上班路上或交通堵塞耗費你多少時間，能不能與老闆商量換個上班時間。

（11）開會要事前做好準備，以便按議事日程進行。

（12）將必須打的電話集中起來打，並限定時間。

（13）休息一下，如把腳放在辦公桌上，喝杯咖啡，繞辦公室散散步，或與搭檔聊聊天。即使是短短 10 分鐘的休息，也能夠造成提神作用。

（14）不要把過多的球拋在空中，它們只會掉下來。

（15）一旦你重新安排了你的時間表，為自己留出了時間，就必須利用留出的時間休息和放鬆，否則就會完全喪失效益。你可以向自己許諾一些報酬，作為建設性地運用時間的鼓勵。如：「我既然騰出上午大掃除，那麼我就可以在下午看書。」如果工作和休閒分配得好，你就能處於疲勞點上的健康一側。

2. 列出每天要做的事情的清單

將每天要做的事情逐條寫出，只有當你用它提高組織安排能力時才有效，否則它也會成為一件日常瑣事。

（1）按重要性排列，並使用 A、B、C 編碼。如 A1、A2、A3。

（2）每天一有新的要做的事情出現就添加進去，做完一件就勾掉一件。

（3）每天定期檢查你的清單，如有必要，重新按照重要性編碼。A 項的事情永遠是至關重要的，B 項的事情是變遷中的，但永遠不應該是長期的任務；C 項的事情不緊急，但也代表了必須要做的事情。

如果 C 列上的某人打電話給你，那就好了！你可以抓住這個機會，不用再費工夫找他，就能順便把這不緊急的事情處理掉。

3. 做或不做

檢查待辦事情的清單時會發現，有些事情往往會有一種常規形式，即老是一個樣子，或經常出現，或時隱時現，這樣的事情需要特別注意。

（1）如果這些事情老是一個樣子，為什麼會被你記錄下來？你要麼把事情做妥，如果事情不需要做，就把它刪除掉。

（2）如果這些事情經常出現，你可以考慮授權他人去做。

（3）如果事情時隱時現而又沒有去做，那麼問題在哪裡？你是否在逃避問題？

食物減壓

*據新加坡《聯合早報》報導，能對抵抗憂鬱有益的食物：

（1）深海魚

研究發現，全世界住在海邊的人都比較快樂。這不只是因為大海讓人神清氣爽，還因為住在海邊的人更常吃魚。哈佛大學研究指出，海魚中的 Omega-3 脂肪酸與常用的抗憂鬱藥如碳酸鋰有類似作用，能阻斷神經傳導路徑，增加血清素的分泌量。

（2）香蕉

香蕉中含有一種稱為生物鹼的物質，可以振奮人的精神和提高信心。而且香蕉是色胺酸和維生素 B6 的來源，這些都可說明大腦製造血清素。

（3）葡萄柚

葡萄柚裡高量的維生素 C 不僅可以維持紅血球的濃度，使身體有抵抗力，而且維生素 C 也可以增強人的抗壓能力。最重要的是，在多巴胺、腎上腺素的生成過程中，維生素 C 是重要成分之一。

（4）全麥麵包

碳水化合物可幫助血清素增加，麻省理工學院的研究人員說：「有些人把麵食、點心這類食物當作可以吃的抗憂鬱劑是科學的。」

（5）菠菜

研究人員發現，缺乏葉酸會導致腦中的血清素減少，導致憂鬱情緒，而菠菜是很有名的富含葉酸的食材。

（6）櫻桃

櫻桃被西方醫生稱為自然的阿斯匹靈。因為櫻桃中有一種叫做花青素的物質，能夠製造快樂。美國密西根大學的科學家認為，人在心情不好的時候吃 20 顆櫻桃比吃任何藥物都有效。

（7）大蒜

大蒜雖會帶來不好的口氣，卻能帶來好心情。德國有研究發現，焦慮症患者吃了大蒜製劑後，能減輕疲倦和焦慮，並且更容易克制發怒。

（8）南瓜

南瓜之所以和好心情有關，是因為它們富含維生素 B6 和鐵，這兩種營養素都能說明身體將所儲存的血糖轉變成葡萄糖，葡萄糖正是腦部唯一的快樂燃料。

（9）低脂牛奶

紐約西奈山醫藥中心研究發現，讓有經前綜合症的婦女吃 1,000 毫克的鈣片 3 個月後，四分之三的人都感到更容易快樂，不容易緊張、暴躁或焦慮。日常中，鈣的最佳來源是牛奶、優酪乳和乳酪。幸運的是，低脂或脫脂牛奶含有最多的鈣。

（10）雞肉

英國心理學家給參與測試者吃了 100 微克的硒後，他們普遍覺得心情更好。而硒的豐富來源就包括雞肉。

另外還有不含咖啡因的飲料如橙汁、牛奶、礦泉水等。還有富

含維他命 B 群的食品，可以促進腎上腺分泌抗壓力激素，例如堅果、豆莢、深綠葉的蔬菜、牛奶等都富含維他命 B 群。另外，巧克力能舒緩心情，排除緊張，達到減壓的作用。

＊以下食品有可能增加壓力：

（1）多油脂的食物

不易消化，它們往往要在胃腸道裡待 5 ～ 7 小時，並將血液集中到胃腸道，這就很容易使人感覺疲乏和煩躁。

（2）甜食

容易讓人在短時間內亢奮，隨之而來的感覺卻是疲倦。

＊《如何減輕壓力》一書中提出，會對情緒產生負面影響的食物：

（1）鹽

每人每天只需 1 克鹽，但由於我們往往吃了含鹽較多的食品，以致無形中攝入了過多的鹽分。食用太多的鹽將會導致高血壓、中風或心臟病。

（2）糖

高糖分雖然可以使人在短時間內擁有充沛的精力，但長期攝入會使體重增加或造成蛀牙。此外，高糖分也會使腎上腺過度分泌，從而降低身體抵抗力，造成情緒不安、易怒等症狀。

（3）酒

適量飲用，酒可以使人放鬆，但長期過量飲用會導致食欲不振、緊張、頭痛，影響和破壞肝、膽功能。

（4）咖啡因

咖啡、可樂均含咖啡因，咖啡因會刺激腎上腺素，使血壓增高，並且會刺激心臟，產生壓力反應。

＊就飲食方式而言，格羅佩爾博士在《反對節食》書中提出建議：

（1）定時定量

定時定量的飲食有益生理節奏的調整，也便於壓力的恢復。

（2）少量多餐

白天少量多餐（大約兩小時吃一次）可提高代謝率，穩定情緒，保持能量充沛。

（3）早餐不可少

為維持血糖平穩，早餐一定要吃。分量不必多，但營養要夠。

（4）不可吃得太飽

太飽一定會懶得動，工作效率必不佳。少吃多餐可使胃縮小，從而不至於吃得太多。

（5）不偏食

儘量各類食品都吃。老吃同樣的東西極可能導致營養不良。

（6）不要節食

這種飲食方法是為達到某種目的而暫時行之，一旦轉回平常的飲食，節食的效果往往又會消失。所以飲食習慣應當持之以恆。

（7）一天喝 8 杯水

多數企業人士每天的飲水量都不足。

另據英國《每日郵報》近日報導，英國布里斯托大學的研究者對大學教職員、基金管理公司員工和 IT 員工進行了調查，結果發現，中午喝杯熱茶能降低壓力水準。研究顯示，喝一杯熱茶，就能將壓力降低 25%。尤其在中午，熱茶降低壓力和焦慮情緒的作用更明顯。

咀嚼減壓

咀嚼口香糖，可以幫助舒緩緊張情緒。許多運動員在比賽前或者比賽中會有咀嚼口香糖的習慣。這不僅是習慣或者嗜好，現代科學研究已經證實了咀嚼口香糖能夠舒緩緊張、減輕壓力。

七成運動員在咀嚼口香糖時體驗到壓力在舒緩，並有平靜、放

鬆的感受。「咀嚼」能夠緩解低、中特質考試焦慮。咀嚼口香糖的考生比沒有咀嚼口香糖的考生焦慮感低 20%，特別是對於低焦慮狀態的學生群體，咀嚼組比未咀嚼組的焦慮感低 36%，而對於中焦慮狀態的考生，咀嚼口香糖比不咀嚼口香糖的焦慮感低 16%。

另外，研究還發現咀嚼能提高大腦海馬部位的信號活躍性，而海馬區與情緒調節密切相關，它可以透過調控血液中與壓力相關的激素，使情緒得到放鬆。所以，許多人無意間咀嚼口香糖時，並不是簡單的清新口氣，同時也是在舒緩緊張的情緒。

此外，在東京「第十屆國際行為醫學學術大會」上發佈的最新心理學研究表明，咀嚼口香糖能減輕 16.5% 的焦慮情緒；提高 18.7% 的警覺度，減輕 13.3% 的壓力感；特別是同時進行多項工作任務時，咀嚼口香糖能幫助人們提高 109% 的工作整體表現，效果十分顯著。在美國，就有不少學校在考試前向學生派發口香糖，幫助考生舒緩緊張情緒，集中注意力。

學會休息

休息是為了更好地工作。所以我們要學會休息。

1. 要把工作與休息明確分開

有人在形容德國人刻板時說了這麼一件事：一個德國工人工作時十分賣力，一刻不停，快下班時在擰一顆螺絲，幹到一半的時候，下班鈴響了，這個工人沒把這顆螺絲擰到底就走人了。

看起來有點可笑，甚至覺得這人有點迂腐。但我們若從另一個層面去理解他的行為，則是此人把工作與休息明確分開了，這是好事，不是壞事。

一位白領說，自己邀請了幾個朋友聚會，想散散心，酒席上

一落座還沒說上幾句話，就有人抱怨自己平時工作不順心，一下引起大家共鳴，紛紛說起不順心的事。結果，這場聚會「變臉」成牢騷會，原本挺愉快的心情一下子變得沉重起來。而另一位白領坦白道，有 3 天的休息時間，原本可以享受一番，可老是想到公司裡那密密麻麻的報表，恐懼感就產生了。

休息日本來是讓你放鬆的，公司本來也是這麼想的，可你偏偏不這麼做，這怪誰呢？當然是怪你自己。我們主張工作時好好工作，休息時好好休息，把工作「忘記」，雖然是暫時的忘記。工作是生活的一部分，而不是全部。

工作時工作；生活時生活；學習時學習；娛樂時娛樂。總之，一定要有個界限。

2. 要保持適度的睡眠

睡覺是養生的頭等大事，對於上班族來說，合理的睡眠與休息是大腦有效工作的重要保證，要有足夠的睡眠時間。

不同年齡的人對睡眠時間的要求是不同的；不同的個體對睡眠時間的要求也有很大的差異。每個人可以根據自己的生理、心理特點決定自己的睡眠時間。一般來說，晚上 11 點到深夜 3 點之間，睡眠品質最好。我們最好安排這段時間休息。

3. 要學會主動休息

同樣是休息，卻有主動與被動之分。疲勞是會積累的，當你感覺疲勞時，其實你的疲勞已經積累得相當深了，這樣很容易造成身體透支。這時再去休息，就是被動休息。主動休息就是在還沒有感到疲勞的時候，休息就已經發生了。應該說，主動休息更具有科學性。主動休息的方式有多種多樣，午睡就是一種不錯的主動休息方式。

據稱有的 IT 公司專門給員工配一張席子，當員工感覺到疲倦的時候就躺一下。當然，主動休息還可以是忙裡偷閒，比如上班覺得累時，走出辦公室買瓶飲料喝喝；或者是做做簡易休息

操、工間操。總的來說，主動休息就是用一種主動的心態去應付疲勞，不是在疲倦襲來之後，而是在它到來之前，你已經進行過必要的休息了。

在第二次世界大戰期間，邱吉爾已經近 70 歲了，卻能每天工作 16 個小時，一年一年的指揮作戰，實在是一件很了不起的事情。秘訣在哪裡？他每天早晨在床上工作到 11 點，看報告、口述命令、打電話，甚至於在床上舉行很重要的會議。吃過午飯以後，再上床去睡一個小時。到了晚上，在 8 點鐘吃晚飯以前，他要再上床睡兩個小時。他並不是要消除疲勞，而是在事先防止疲勞。因為他經常休息，所以可以很有精神地一直工作到很晚。

4. 一天中多進行幾次短暫的休息

來個「午間一小時」吧，這相當於 8 小時工作中的一次「中場休息」，也是工作的「緩衝期」。這個時候可以走走樓梯，放鬆身心；也可以聽聽音樂，調整情緒。

另外，「午間約會」在辦公室白領中也悄然流行，約附近的朋友一起逛逛商場，或在附近的咖啡廳談心，短短的半小時裡，一起講講幽默故事、談談家常、八卦一下時下的流行時尚和明星動向，同事間的關係將會變得更加融洽，同時能緩減一天的工作壓力，何樂而不為？

做點手工活

下班後，放假時，把工作中的煩惱扔到一邊去，做點自己感興趣的手工活，做點需要高度專注的手工活，不失為一種減壓良方。

「生活中總需要有一些角落提供避風的港灣。針和線仿佛為 Ada 創造了一方與世隔絕的小小天地，讓他暫時遠離現實，只享受獨屬於自己的成就感與快樂。

在都市的喧嘩中，女紅能使人感覺到時光近乎停滯，並有一種與世無爭的平和與自足的成就感。很多人像 Ada 一樣透過這種田園牧歌式的恬靜來調節自己的心情。

國貿商廈的地下層有一家繡品店開設了刺繡培訓班，教授蘇繡技法，課程分基礎、初級和中級，每一階段的學費高達 2,000 至 3,000 元。儘管如此，來報名參加的人仍然絡繹不絕。

據店裡的老師介紹，報名者主要是白領和家境富裕的全職主婦，他們大都是為了體驗古典的情懷，修身養性而來。她們不定期來繡品店學習基本針法，回去後必須每天至少練習兩小時才能最終掌握。一針一線的世界，女紅讓時間變得綿長而悠然。繡一塊十幾公分見方的繡品，初學者往往要花上好幾個月，那些細密繁複的針法極考驗人的耐心，對於家庭主婦，這是消磨時光最優雅的途徑；對於年輕女白領，這是減壓良方。」

與家人歡聚

對於職場人士而言，家是你最後的、最鞏固的大後方。親人，特別是有血緣關係的親人能給你提供全方位的、無條件的支援。

根據那些感到壓力巨大的職場人士所述，他們的壓力之所以那麼大並且難以消解的原因之一，就是家庭支援系統亮起了紅燈，家庭成員間缺乏心理疏導。

那些常常要出差的人，在工作之餘沒有家人的陪伴，時常會感到孤單寂寞，這種情形下，即使壓力得到正常的排解，也極容易導致婚外戀等情感出軌的事情發生。此外，一些員工為了完成工作量每天要工作很長時間，工作強度也很大，為了放鬆自己，下班後會到酒吧喝酒而不是回家，或者即使回家也不和家人說話，還有些單身員工因此難以找到伴侶。

專家認為，家庭是給人提供精神支援的場所，但目前國人的家庭系統正處在不安定的狀態，僅 10 年間離婚率已增高 1 倍。如果找不出緩解這一問題的方法，處在社會文化碰撞中的中國人就會失去家庭支援這一強大的心理源泉。

《常回家看看》這首歌一炮打響，紅遍大江南北。客觀地說，不是這歌本身有多好聽，而是撥動了億萬人的心弦。子女常回家看看，慰藉了老人，也在一個最溫馨的地帶釋放了自身的苦惱與壓力。它的作用、它的功效，最高明的心理諮詢師也只能望其項背。

所以，我們要鞏固好自己的大後方——家。無論在工作上如何，事業上如何，我們總還有一片寧靜而安詳的綠洲——家。

如何讓家成為一個安詳的綠洲呢？

（1）不把壓力帶回家

下班的那一刻，就把工作上的問題，特別是令人煩惱的問題統統忘記。有人會說，忘記了難道就不存在了嗎？這是自欺欺人。

我們得反問：記住了那些問題與煩惱就能解決它嗎？如果能，倒也罷了，我們就去想它。如果不能呢？想它只是自尋煩惱。想一想吧，倘若一個人無時無刻不在煩惱之中。對自身不利暫且不說，對工作、對問題解決有好處嗎？結論就不用我來說了。

（2）不把不良情緒帶回家

進了家門，我們的社會角色已經改變，是兒子（女兒）、是丈夫（妻子）、是父親（母親），而不是某單位的一員。既然我們已不是單位中的角色，也就別把在單位中所扮演角色的情緒帶回家（對家人傾訴是另一回事）。把不良情緒帶回家，實在是自己擾亂自己的大後方。

（3）珍惜和睦的家庭氛圍

「家和萬事興」這是條亙古不變的真理。只有保證後方穩定才能在追求事業時沒有後顧之憂。對家庭要珍惜，要小心翼翼地呵護，不要把到手的東西不當回事，尤其不要有非分之想，情人，可以帶來一時的快樂，卻要承受終身的十字架。

請謹記一句至理名言：「要想一天不得安寧，請客；要想一年不得安寧，蓋房子；要想一輩子不得安寧，娶小老婆。」

（4）適度的物質要求

這是一個物欲橫流的年代。我們不能說它全錯，事實上，它在鼓勵人們奮進，推動著社會的進步，生產力的發展。

但我們對物質的要求，心中要有個度。當你有台 50 萬元的車時，會想，我要有台 100 萬元的車該多好！可是，當你有了 100 萬元的車時，沒準又想 150 萬元、250 萬元、500 萬元、上千萬的車了。永遠沒有個滿足，永遠沒有個盡頭。

所以，不要制訂不適合實際情況的物質訴求，否則家庭會成為另外一個壓力源，同樣帶來精神上的超負荷。

（5）處理好家庭與事業的關係

中國人塑造的英雄或模範人物，都是只問事業不顧家的，個個都像劉邦那樣「爭天下者不顧家」。似乎一顧了家，就對不起事業，就夠不上英雄，就不能作為榜樣。

這實在荒謬透頂！家庭與事業絕非水火不相容、冰炭不同器。更進一步說，如果一個人全然不顧家，我們很難相信他對公司會有多大的忠誠度，對事業有多大的忠誠度。如果一個人連自己的家都不愛，他會去愛自己的企業、愛自己的事業嗎？

家庭與事業不但不是對立的兩端，而且存在著相容性。因為愛家庭，所以要好好幹事業，因為事業成功，家庭才會格外幸福。這話好像沒錯吧！

（6）有事向家人傾訴

在工作中遇到問題，在生活中遇到難題，心中有煩惱，背上有壓力，首選的傾訴物件應該是家人。

這是因為你盡可以在家人面前釋放自己軟弱的一面，而他們是絕對不會笑話你的。你可以在他們面前無話不說，他們肯定不會出賣你。你的問題，家人可能能為你解決一半。

比如，一次本以為十拿九穩的升遷機會卻失之交臂，於是你大為沮喪。這時你的妻子說：「老公，不當官就不當官，我們現在不是過得好好的嗎？我愛的就是你這個人！」聽到這樣的話，你肯定會感到一陣釋然，一種慰藉。

所以，心裡有痛，心裡有話，可以在家人面前有一次痛快淋漓的傾訴，這大大有利於恢復心理的平衡。

（7）多與孩子親近

如果你已經有了孩子，請多與孩子親近。這是一種責任；這是一種義務；這也是一種享受。研究表明，父母與孩子的親密，有助於孩子智力的開發，有助於孩子良好個性的形成，也有助

於孩子社會性交往能力的形成。

其實，與孩子的親密，不僅有利於孩子的健康成長，對自身心態的調整也十分有利。孩子是我們生命的延續，是我們未來的希望，我們在一生中那些不能實現的夢想有時也可以寄託在他們身上。在這一過程當中，我們也可以得到巨大的、無可替代的享受。

當我們面對孩子那天真、純潔又無憂無慮的臉龐時，所有的壓力與煩惱都將悄無蹤跡。這一點，難道還有任何疑問嗎？

與朋友交往

現代都市人往往都有個小圈子。三五個、六七個好朋友，常常都不是一個單位的，一個星期，最多兩個星期就在一起聚一次，或品茶；或飲酒；或打牌；或釣魚；或休閒。沒有目的，沒有主題，沒有功利，就是在一起聚聚。談起話來天南地北，話題可能不高深，但絕對真實，不會有假話，因為沒有必要說假話。

一場聚會以後，大家都感到一種輕鬆、一種釋放、一種解脫。散去以後，大家各奔前程，接下來便是對下一次聚會的期盼與嚮往。這種期盼與嚮往是幸福的、令人陶醉的。

這樣的聚會，至少具有兩種功能：

（1）滿足了歸屬與愛的需要

這是一種繼生理需要、安全需要相繼滿足之後自然出現的社會性需要。人類具有集群性的特徵，只有在群體中才感到安全。

群體有兩種形態：正式群體與非正式群體。這種小圈子，就是一種非正式群體。非正式群體沒有明確目標；沒有正式領袖，但彼此間的心理相容度極高，凝聚力很強。非常能滿足人們的歸屬感。

（2）是一個釋放壓力的絕好場合

如前所述，在這種場合大家都說真話，誰也不用提防誰；誰也不會笑話誰，誰對誰也不會有惡意，因為他們之間沒有利益衝突。在這些朋友面前，可以盡情傾訴。有些話，可能對自己老婆、老公講都沒那麼方便，而對這些朋友講則無任何心理障礙。

平時注意擴大交際，多建立培養一些非工作關係的人際交往圈子，使他們在關鍵時刻可以成為你的傾聽者和意見提供者，從沒有利害關係的協力廠商角度提供應對方案。對這種小圈子，我們應該竭力營造；對這些朋友，我們該格外珍惜。

在與朋友的交往中，聊天是最常見的一種形式。心理學家認為，聊天是獲得美好心情的一種有效而愉快的手段。茶餘飯後、節假休閒，好友相聚，說往事，談未來，話題不斷跳越，情感高度投入，一切煩惱都置於腦後。

據美國《紐約時報》報導，科學家發現，適當地參與說人閒話其實可以增強人與人之間的聯繫。現實生活中的人們都無法避免在背後議論他人。其實，說閒話不僅可以幫助我們澄清一些事實，而且可以幫助工作中的我們彼此之間更好地合作相處，因為一些事情是不能夠或不方便被公開傳播的。

認為說閒話具有好處的心理學家指出，說閒話為欲加入到某一新群體中的人提供了一個「立足處」，讓他（她）能慢慢融入到這個新群體中，並且透過參與背後議論他人，那些失落的人可以感覺到自己處於一個安全的人際網路中。

「當然，我們要遠離那些毀壞他人名譽、進行人身攻擊的背後議論。」美國紐約州立大學從事人類生物學研究的大衛教授認為「說閒話表現了一個人生活中是否久經世故，以及他在該群體中的地位。當兩個或者更多的人相互閒談關於另一個不在場的人的事情之時，他們常常會傳佈一些關於這個不在場的人的鮮為人知的資訊。與此同時，參與說閒話的每個人又彼此潛意識地保護自己不在這場說閒話事件中

受到負面影響。」

　　為了進一步揭示說閒話的意義，科學家對太平洋島民、美國中學生、紐芬蘭島和墨西哥居民進行長期跟蹤調查，結果發現閒話的內容一般都很廣泛，說閒話的頻率也比較高，大約有五分之一到三分之二的人每天都加入到背後議論人的隊伍中。

　　閒話在社會生活中普遍存在。心理學家認為，參與說閒話可以讓人學習到從其他一些人際交流中學習不到的東西，比如讓你懂得人與人之間應該如何彼此信任以及可信賴的程度。「從不參與說閒話實際上對人的身體健康是不利的，且是反常的。」

做愛

　　在傳統觀念中，做愛除了能繁衍後代還算是積了點德以外，幾乎都是罪惡。但其實，做愛這個現象除了每天在全世界會發生無數次，是無法迴避的客觀現實以外，它還是有不少好處的。

　　有一位網友在網上分享了他的心得＜做愛 10 大好處＞：

　　（1）可摧毀壓力，舒緩緊張
　　在進行的過程中，人體荷爾蒙的釋放使我們無法感到壓力。這個反應甚至可以維持數小時之久，直至荷爾蒙的水準恢復到整個身體系統的正常水準。

　　（2）可以幫助你入睡
　　性愛時身體上的努力和情緒上的高漲會是完美的引擎，引你駛入夢鄉。肌肉在興奮時緊張，並在事後恢復鬆弛，這個過程很明顯地有助於休息和睡眠。

　　（3）可以保持青春
　　英國藥物研究中心的醫生兼輔導專家約翰說：假如你不使用你的性器官，那麼它會傾向於退化。性生活可提高陰道的潤滑程

度，並且滋潤陰道。

（4）可以提高自信心
有定期的性生活，表現出你和你的伴侶愛著對方。性愛時易於達到高潮會覺得自己更有吸引力，提高你的自信心。

（5）能夠改變你的外觀
性愛時的刺激和運動會導致腎上腺素產生。這些荷爾蒙能提高皮膚的透明度，使它看起來明亮透徹一些，人亦漂亮些。

（6）使你和你的伴侶更親密，包括情緒上和肉體上
當你和你的伴侶的關係傾向於好的發展方向時，你們的性生活也會更和諧。你們可以透過性來和對方進行溝通，更顯恩愛。

（7）可舒緩經痛
做愛時所釋放的荷爾蒙能鬆弛引起經痛的拉力。

（8）可以幫助延壽
有證據顯示，婚姻美滿的人較單身和離婚的人更長壽，這與美滿婚姻的性生活有莫大的關係。不論在生理上和心理上，做愛都有益健康。

（9）對心臟和血液循環系統有裨益
性愛可提高心跳率和血壓。史密夫博士表示，偶爾加速心跳率不會有任何害處，這是舒展心血管系統的另一種方法。

（10）燃燒卡路里，有助保持苗條
據調查顯示，一個熱烈的接吻燃燒十二卡路里，而十分鐘的愛撫亦可燃燒五十卡路里。即使最遲緩的做愛，亦可每小時燃燒二百卡路里，相應地，假如在這個過程中你非常熱烈和興奮的話，燃燒五六百卡路里是可想而知的。

從他所列舉的這 10 大好處中，超過半數都是對減緩人的壓力有幫助的。所以我們認為，做愛只要有度，對減壓是有幫助的。

　　研究表明，性行為可以使身心得到很好的釋放，促進睡眠並提高睡眠品質。一次高品質的性生活，可以有效緩解壓力。性愛是一種娛樂活動，確保性愛在浪漫情調中達到預期的指數，兩個人都緩解了壓力，應該算是一份意外收獲。

　　做愛的原則應該是興之所至，不能把它當成責任、當成任務、當成程序，如果是那樣的話，做愛不僅不能緩解壓力，可能還會成為一個新的壓力源。

泡吧

　　泡吧，也包括去咖啡館、茶樓。如今的酒吧、咖啡館、茶樓可謂在各地都是紅紅火火，老闆們都賺得盆滿缽滿。說句不太中聽的話，我覺得真正懂酒、懂茶、懂咖啡，識得其中三味的人恐怕不多。

　　酒吧、咖啡館、茶樓的功能實質上已經異化，大部分人是把它作為一個聚會的場所，放鬆與宣洩的樂土。這沒有什麼不好的，也許酒吧、咖啡館、茶樓本來就應具有這個功能。

　　在各種吧裡，那些既新奇有趣，又可讓人親自動手的特色吧就讓人特別心動。剛開始有陶吧、布吧，現在又有印染吧、親自一吹的玻璃吧、把整個小型啤酒廠搬進酒吧，讓顧客親自參與並享受每一杯鮮釀啤酒的製造過程的啤酒吧……，把每一個走入這裡的客人帶進了一個新奇的世界。

　　在咖啡館和茶樓中，或一人獨飲，或三五好友悠閒地談天說地，分外舒適。咖啡館和茶樓或高檔或獨特的裝修，既讓人品嘗到高品質的咖啡與茶的文化，又滿足了人的視覺、聽覺、嗅覺，讓人在現代而又有些古典的浪漫氣息中度過悠閒的時光。

　　那種充滿小資情調的感覺，最能讓上班族怦然心動。與好友談天說地之中，放鬆神經、打開心扉、天南海北無所不談，喜悅憂傷共

同分享，其釋放神經能量的功能，實在不可低估。

另外，獨自在家，端上茶壺品茗也是個不錯的選擇。茶是世界上最受歡迎的飲料，部分的吸引力可能源自它具有舒緩緊張的力量。

英國倫敦大學的科學家指出，連續 6 星期每天喝紅茶 4 次的人，在緊張工作後，比喝咖啡因飲品的人具有較低水準的皮質醇。研究還表明，綠茶中的茶氨酸可轉變腦電波活動，使人從緊張變為放鬆。

購物

女性大多都喜歡逛商店、購物，尤其是經濟條件較好的白領女性，在心情不好的時候，更多地會選擇去瘋狂購物。為什麼購物具有釋放心情的功效呢？有多種解釋：可能是購物時眼花繚亂的商品吸引了你的注意力，讓你心無旁騖，從而暫別煩惱；可能是恰好買到了中意的東西很開心，彌補了內心的缺憾；也可能是大量的錢財被自己一次性消耗而產生快感。

但也有人對購物減壓提出質疑。也許是源於女人的天性，當我們看到一件喜愛的裙子的時候，我們就會忘記那些該死的最後期限或煩人的夫妻矛盾。儘管女人們可以用開玩笑的語氣討論誰是真正的購物狂人，但「購物處方」本身並不那麼有趣。

購物帶來的愉悅程度越高，回家以後那種興奮消退得也就越快，浪費金錢的罪惡感也就越深。這種後悔和不安會帶來更多的壓力。最可怕的是，當我們對自己身上的重重壓力不明就裡的時候，我們已經再一次衝進購物中心。

這種惡性循環不但無法根除壓力的根源，反而會給我們帶來一身債務。對於這個問題，我們認為購物對緩解壓力還是有幫助的，只要不是超越個人經濟能力的瘋狂購物行為，應看到它的正面作用。

（1）在購物時，我們完成了一次角色轉換，那就是由工作中服務

於他人的角色轉換為「上帝」，我們的尊嚴感在商店裡會得到極大的滿足。

（2）如前所述，購物時，尤其是女性購物時，大多高度專注，對工作中的事可以做到寵辱皆忘，有利於心態的調整。

（3）在買到一件滿意的商品時，特別是女性買到一件滿意的衣服時，很有成就感，產生對自身形象直至整個自我的肯定。

（4）按照佛洛伊德的說法，做出一些非理性的行為，也是對自身心理能量的一種釋放。

泡澡

在熱水中浸泡 20 分鐘，不僅可以使肌肉得到放鬆，減輕壓力，洗澡水的熱量同時也會透過擴張血管來降低血壓，進而使你精神振奮、精力旺盛。這是因為長期生活在工作壓力之中的人，神經末梢處於緊張狀態，經常會有頭昏腦脹的情況出現。在這種情況下，在適量運動後，洗個熱水澡，會使血液流通全身，神經倍感鬆弛。

還有些專家認為，熱蒸汽會促使體內產生壓力的化學物質的釋放，從而降低壓力激素。睡前洗個熱水澡會使人進入深層次的放鬆狀態，這是另一種消除壓力的好方法。

沖澡、洗澡只是打掃衛生。在熱水中泡 20 分鐘才能使肌肉得到完全的放鬆。如再使用一些精油或芳香類的產品，放鬆的效果會更好。可以選擇到外面的休閒中心，或在自己家裡泡澡。在家裡放鬆的效果略差些，但如果放點音樂，再在浴缸裡撒點花，甚至來杯紅酒，也是挺不錯的。但可別洗冷水澡，那是得不到最佳放鬆效果的。

打扮自己

打扮自己，不僅與形象有關，也與心情有關。想像一下，當我們衣衫不整、蓬頭垢面時，心情會好嗎？而當我們穿得整齊清爽時，是否精神也為之一振？

上班族要注意自己的修飾打扮，尤其在心情不好的時候。不妨刻意打扮一下自己，對著鏡子看一看自己的「光輝形象」，沒準你就能平添幾分自信，平添幾分與世抗爭、與事抗爭的勇氣與力量。

這種減壓方式有兩種變式：

（1）穿件舊衣服。

有人建議，在工作壓力大的時候，回到家裡，穿上一條喜愛的舊褲子，再來件寬鬆的上衣，會給人一種如釋重負之感。理由是穿了很久的衣服會使人回憶起某一特定時空的感受，情緒也將為之高漲。

（2）去理髮

在情緒不佳的時候，去理個髮也是個不錯的主意。在洗頭、梳理和吹風、燙髮的過程中，人們會感到精神振奮、心情舒暢，同時心律變緩，血壓下降。理完髮後，對著鏡子看一看自己煥然一新的形象，你會有一種頓釋前嫌的感覺，雖然不能說壓力就此消失，但好心情至少會持續一段時間。

渡假

有項研究發現，那些長達兩年都沒有度過假的人更容易得與壓力有關的各種身心疾病。每四個月度一次假是一個比較好的選擇。

渡假的好處就是徹底離開工作環境，將一切煩事俗務都放下。除了有一個比較完整的與家人團聚的時間，對放鬆身心有幫助。此外還可以讓你遠離所做的事情，反觀它們，從而較為清晰地看到它們的價值和意義。

如果渡假對你來說是一份奢侈的話，那郊遊一定是現實可取的。像春季踏青、夏季露營、秋季於落葉中散步、冬季於飛雪中尋梅……，耗時不多，花錢不多，但情趣多多且收獲不菲。

不過，以減壓為目的之一的渡假旅遊，也有些講究。心理專家教你在旅途中減壓的技巧。

（1）旅行也要放慢節奏
現代人的生活節奏都太快了，「快」就是壓力的一個重要來源。如果想在旅行過程中放鬆，就一定要「慢」下來。趕鴨子式的旅行根本不可能讓人放鬆，因為平時的生活節奏就夠快了。最可能實現減壓的旅行就是「在當地住上些日子」。

（2）關閉手機關注內心
下車拍照、上車睡覺，旅遊對於很多人來說，仍然是「走馬看花」，眼睛看到風光，心裡卻想著煩惱的事——這樣的旅行，反而會讓身體更加疲勞。旅行是一個難得的放鬆機會，最好在這時學會「活在當下」，把意念集中在身體和情緒的感覺上。

旅行必須給自己一個不受打擾的自由空間，關掉手機，關注體會。不是急著拍照，而是用鼻子聞、用耳朵聽、用眼睛看、把心沉靜下來去感受，這種方式可以說明你找回自己。

快樂就哈哈笑，鬱悶就喊出來，難過就放聲哭，在自然的空間

裡釋放、感受自己，身體就像重新充過電一樣。

（3）在大自然中吸收正能量

自然界是充滿能量的，不妨去到美麗的地方，即使什麼都不做，沐浴其中，身心就會得到很好的調養。

大自然空氣中含有大量負氧離子，對人的健康大有益處。這是測得到、看得見的。還有很多看不見、摸不著的自然能量，但它們確實存在。春風拂面、芳草如茵、陽光和煦、鳥鳴雀躍……，春天的自然界充滿了一種積極向上的生髮力量，這些力量是像空氣一樣可以呼吸進身體的。

（4）多行善送溫暖

專家認為，旅行中的「多行善」有很多實現的方式。比如順便去不知名的小學給孩子們帶點書刊文具、和當地人聊聊他們感興趣的外面的世界，甚至是悄然拾起一個垃圾、幫老人家拎拎東西等，舉手之勞，心境便不同。

（5）在風景裡動起來

在心理專家看來，在飯店裡窩著、懶懶地閒逛看景，都不算「動」。要想心中暢快，一定要想辦法讓自己「動起來」。

地球引力讓人感覺到踏實，卻也可能太多地感覺到身體的重量，產生一種對於壓力「無力對抗」的錯覺，而運動則是對抗這種錯覺的最好方式。

運動可以將血液裡的壓力荷爾蒙代謝出去，並且增加了可以讓你鎮定的抗焦慮荷爾蒙，減少面對壓力時的無力感。專家介紹，即便旅遊目的地的運動內容較少，也可以儘量讓自己「動」。比如拍照時模仿東京「漂浮少女」的創意，拍到腳跟不著地，就是很好的運動。

養寵物

許多人認為養寵物是閒得沒事幹，這種觀念有失偏頗。養寵物固然是閒情逸致，但閒情逸致並非無益。科學家認為，養一隻狗或是貓確實有好處。撫摸一隻寵物會幫助你降低血壓和減緩壓力，房裡有一隻狗會使人放鬆。

養寵物的另一項減壓功能是轉移注意。與寵物戲耍之時，精神專注，心情愉悅，世間的事都拋在一邊，忘情地與寵物玩耍，壓力便在不知不覺之中開溜了。

漫步森林

太平洋時尚女性網上的《漫步森林緩解職場壓力》一文，很值得一讀，節錄於下：

「接近森林，喜愛大自然，是人類回歸自然的天性。讓我們漫步於森林中，沉浸在廣闊的綠色林海裡，享受樹林散發的天然芳香，傾聽水聲鳥語、松濤蟲鳴，使我們的視、聽、嗅、觸覺及心靈達到徹底的洗滌，心緒恢復原來的步調，病痛頓除，身心舒爽。森林浴廣受人們喜愛的原因也正在於此。

在森林區內，各種植物所散發的芬多精，彌漫在林內，形成森林的精氣，使漫步森林內的人們，自然神經受到刺激，安定心情，由內分泌旺盛而調整感覺系統，可使頭腦清醒，運動能力提高。這種森林精氣對於人類的效益，就是一般所謂的森林浴芬多精效果。

在森林內的步行運動比起平地熱量消耗大，疲勞度卻較輕，而且也能快速消除疲旁，這是由於山林中氣候宜人，地形富有變化，景色賞心悅目，且遠離塵囂，於是使你舒暢爽快。森林浴的最後過程，是讓心緒徹底放鬆，心境澄明。

幸福心理學：心理學家談自我減壓
教你徹底放鬆、幸福升級的日常高效法

作者：邰啟揚等編著
責任編輯：陳浣虹
封面設計：楊岱芸
發行人：黃振庭
出版者：崧博出版事業有限公司
發行者：崧燁文化事業有限公司
E-mail：sonbookservice@gmail.com
部落格：　　　　　　　粉絲頁：

地址：台北市中正區重慶南路一段六十一號八樓815室
8F.-815, No.61, Sec. 1, Chongqing S. Rd., Zhongzheng Dist., Taipei
City 100, Taiwan (R.O.C.)
電話：(02)2370-3310　傳　真：(02) 2370-3210
總經銷：紅螞蟻圖書有限公司
地址：台北市內湖區舊宗路二段121巷19號　　　　網址：
電話:02-2795-3656　　傳真:02-2795-4100
印刷：京峯彩色印刷有限公司（京峰數位）
發行日期:2018年1月第1版
ISBN：978-986-49293-9-9
定價：290元